**Grand Casino St.Gallen**

**Schützengarten**
**Bierflaschenmuseum**

St.Jakob-Strasse

Böcklinstrasse

Sonnenstrasse

Scheffelstrasse

**OLMA**
**Messegelände**

A1 Autobahnanschluss
St.Fiden
Richtung Rorschach ▶

28

24

Museumstrasse

25

26

27

Parkstrasse

Steinachstrasse

Stadtpark

Rorschacher Strasse

Kantiweg

Lämmlisbrunnenstrasse

Linsebühlstrasse

Speicherstrasse

Schwalbenstrasse

Sternackerstrasse

Singenbergstrasse

Volksbadstrasse

29

Rorschacher Strasse

▶ Fussweg ca. 2 Minuten
entlang der
Rorschacher Strasse zum

30 **Bürgerspital**

▶ Mit Bus Nr. 1:

31 **Botanischer Garten**

NB

DG

JH

MM

SO

DS

RW

UK
PL
UM
HS

te Auflage (3. deutsche Auflage),

nus und Ralph Harb
Gallen

# Editorial

Der vorliegende Stadtführer wurde erstmals 2007 herausgegeben. Er erfreut sich grosser Beliebtheit, weil darin die Sehenswürdigkeiten der Stadt St.Gallen vereinigt sind. Die Besucherinnen und Besucher können sich dank des klaren Aufbaus einen guten Überblick über die reichen kulturellen, historischen und architektonischen Sehenswürdigkeiten verschaffen.

Anhand von verschiedenen «Spaziergängen», die jeweils etwa zwei Stunden dauern, werden die einzelnen Orte beschrieben. Übersichtlich gestaltete Karten in den Klappen weisen die für Fussgänger, Autofahrer oder Benutzer des öffentlichen Verkehrs prädestinierten Routen aus. Darüber hinaus sind in einem separaten Teil die jährlich stattfindenden Anlässe in St.Gallen sowie die Gastronomie-, Sport- und Freizeitmöglichkeiten ebenso aufgelistet wie die Hotels und weiteren Unterkünfte.

Wir sind überzeugt, dass die nun vorliegende dritte und erweiterte Auflage den Geschäftsreisenden, Kongressbesuchern und den (Kultur-)Touristen gute Dienste leisten wird.

Rolf Wirth
Ortsbürgergemeinde St.Gallen

Boris Tschirky
St.Gallen-Bodensee Tourismus

# Inhalt

# Stadtgeschichte im Überblick

## Gallus – St.Gallen

**D**er Name «St.Gallen» geht auf den **heiligen Gallus** zurück. Gemäss Überlieferung gehörte er einer Mönchsgruppe an, die durch weite Teile Europas pilgerte und missionierte. Um 610 gelangte er nach Arbon und Bregenz am Bodensee, von wo er sich nach einer Erkrankung in die Einsiedelei des noch unerschlossenen Gebiets des späteren St.Gallen zurückzog. Als er zusammen mit seinem Gefährten Hiltibod rastete und sich zum Gebet zurückzog, soll er gestrauchelt sein. Gallus deutete dies als Weisung Gottes, hier seine Einsiedlerzelle zu errichten. Der folgenden, ebenfalls in der Heiligengeschichte überlieferten Begebenheit verdanken Kloster und Stadt St.Gallen ihr Wappentier, wie die abgebildete **frühmittelalterliche Elfenbeinschnitzerei** auf dem Deckel des Evangelium longum (Stiftsbibliothek) zeigt: Bei der Rast stand Gallus unvermittelt einem Bären gegenüber. Er befahl diesem, Holz zu sammeln und ins Feuer zu legen und danach aus dem Tal zu weichen. Der Bär gehorchte. Diese Geschichte soll die überirdischen Kräfte des Heiligen ausdrücken, der nun hier sein Missionswerk begann.

## Klostergründung

**R**und achtzig Jahre nach dem Tod von Gallus gründete Otmar (um 689–759) an der Stelle der Einsiedelei ein Kloster, das 747 die Benediktinerregel annahm. Das Kloster kam im 8. und 9. Jahrhundert durch Güterübertragungen zu einem weit verstreuten Grundbesitz, den es durch Rodung und herrschaftliche Erfassung des Umlands vergrössern konnte.

Zum herrschaftlichen und wirtschaftlichen Aufstieg kam eine einzigartige kulturelle Entfaltung. Im so genannten Goldenen Zeitalter des Klosters vom 9. bis 11. Jahrhundert wurde die Abtei St.Gallen zu einem weit ausstrahlenden kulturellen Mittelpunkt. Aus dieser Blütezeit stammen hervorragende Zeugnisse mittelalterlicher Schreibkultur, die heute den Kernbestand des Stiftsarchivs und der Stiftsbibliothek bilden.

**600**

612 Niederlassung des Gallus im Steinachtobel

*Gallus-Denkmal*

**700**

719 Gründung des Gallus-Klosters durch Otmar

*Klosterplan um 819/830*

747 Einführung der Benediktiner-Ordensregel

*Kapitell aus dem Gozbert-Münster*

Erste Niederlassungen um das Kloster nachgewiesen

*Q-Initiale des Folchart-Psalters (zw. 864 und 883)*

## Erste Niederlassungen

Das Kloster als herrschaftliches, wirtschaftliches und kulturelles Zentrum wurde schon früh zu einem Anziehungspunkt für Menschen, die sich in seiner Umgebung niederliessen. Erste schriftliche Hinweise auf eine langsam um die Abtei wachsende weltliche Siedlung finden sich für das 10. Jahrhundert. Zu diesen Zeugnissen gehört, dass nach 950 das Kloster und seine nächste Umgebung mit einer festen Mauer eingefasst wurden. Die zunehmende wirtschaftliche Bedeutung der heranwachsenden Stadt St.Gallen belegen Urkunden von 1170 und 1228, die das Marktrecht beziehungsweise einen Marktplatz bezeugen. Ausdruck der Anfänge einer kommunalen Entwicklung sind die ersten Belege für «cives», Bürger der Stadt, die ebenfalls auf diese Zeit zurückgehen.

## Emanzipation

Im Laufe des 13., 14. und 15. Jahrhunderts gelang der Stadt St.Gallen, die wie die Stadt Wil, das Fürstenland und das Appenzellerland zum Kerngebiet des Klosters gehörte, die Emanzipation von dessen Herrschaft. Ausdruck dafür war, dass sich die Stadt Rechte und Freiheiten aneignen konnte: Auf 1281 datiert eine königliche Urkunde, die der Bürgerschaft zusicherte, nur vor ihrem eigenen Richter belangt zu werden. Auf 1291 geht eine Urkunde zurück, welche die Anfänge städtischer Gesetzgebung belegt. In dieser so genannten Handfeste ist vom städtischen Hoheitsgebiet innerhalb der vier Kreuze die Rede (rund drei Kilometer von Osten nach Westen und zwei Kilometer von Norden nach Süden).

Von der Festigung kommunaler Strukturen zeugt die Existenz eines städtischen Rates seit mindestens 1294 und eines eigenen Beglaubigungsmittels für Vertragsabschlüsse. Dabei handelt es sich um **das älteste Siegel der Stadt von 1294**. Das Bild zeigt den Bären, der gemäss der Heiligengeschichte für seine Hilfe beim Holzsammeln aus den Händen des Gallus ein Brot erhielt. In der zweiten Hälfte des 14. Jahrhunderts werden zum ersten Mal ein Bürgermeister und Zünfte erwähnt. Eine Krise des Klosters begünstigte im 14. Jahrhundert den Aufstieg der Stadt.

**1200**

1215 erster Stadtbrand

1228 Gründung eines städtischen Spitals

1281 Freiheitsbrief

1291 Handfeste (erstes «Stadtrecht»)

1294 erstes städtisches Siegel

*Siegel des Spitals*

**1300**

1312 erster Städtebund

1314 zweiter Stadtbrand

ab 1350 erstes Stadtgesetzbuch

*Bündnisurkunde von Konstanz, Zürich, St.Gallen und Schaffhausen*

## Politische Aussenbeziehungen

**D**ie Schwäche des Klosters nutzte die erstarkende Stadt, um die bevorzugte Stellung einer Reichsstadt zu erlangen. Streng genommen hatte St.Gallen diese Position erst 1415 erreicht, weil ihr damals Sigismund neben der Mass- und Gewichtshoheit auch das Münzregal uneingeschränkt gewährte. Angesichts der bereits früher erlangten Freiheiten und der Verbindungen ins Reich kann St.Gallen aber schon ab der zweiten Hälfte des 14. Jahrhunderts als Reichsstadt bezeichnet werden. Ausdruck der selbstverständlichen Reichszugehörigkeit ist **das St.Galler Wappen, das häufig zusammen mit Reichsadler und Krone dargestellt wurde**. Auf eine zielgerichtete städtische Aussenpolitik deuten die seit 1312 nachweisbaren Bündnisse mit anderen Städten hin. Waren es anfänglich vier Partner (St.Gallen, Konstanz, Zürich und Schaffhausen), bestand der Schwäbische Städtebund in den 1380er-Jahren aus über 30 mehrheitlich deutschen Städten in einem Gebiet von Rothenburg ob der Tauber im Norden bis St.Gallen und Wil im Süden sowie von Kaufbeuren im Osten bis Rottweil im Westen. Der Zweck dieser Städtebünde lag in der gegenseitigen Hilfeleistung bei Konflikten. Weiter bildeten sie, modern gesprochen, Rechtshilfeabkommen. Bis kurz vor 1400 bestanden enge Verbindungen zwischen St.Gallen und Konstanz.

## Wirtschaftliche Grösse

**S**t.Galler und St.Gallerinnen lebten zu jener Zeit in einem sehr engen und gleichzeitig ungemein weiten Kreis. Mit einer Einwohnerschaft von 3 000 bis 4 000 Bewohnern um das Jahr 1500 war St.Gallen im europäischen Vergleich immerhin eine mittelgrosse, flächenmässig hingegen eine kleine Stadt, aber mit internationaler Bedeutung, und diese gründete auf der Wirtschaft.

Die Herstellung von Leinentüchern war im Bodenseegebiet schon früh verbreitet, im ausgehenden Mittelalter erreichte St.Gallen darin die Spitzenposition. Noch zu Beginn des 15. Jahrhunderts war das Wort ‹Costances› in Frankreich und Spanien der Inbegriff für Qualitätstuch. Fünfzig Jahre später war St.Gallen anstelle von Konstanz zur führenden Textilstadt im Bodenseegebiet aufgestiegen. St.Gallens Handelsnetz reichte von Spanien bis Polen und von Norddeutschland bis Italien. Man beherrschte in St.Gallen Fremdsprachen, Auslandaufenthalte gehörten zur Karriere eines Textilkaufmanns; die Heimgekehrten brachten Eindrücke und Gewohnheiten mit, die den bürgerlichen Lebensstil in der Stadt verfeinerten.

**1400**

1403/05 Appenzeller Kriege

1418   dritter Stadtbrand
1422   Stadterweiterung

1450   Stadt St.Gallen bedeutendste Leinenhandelsstadt im Bodenseegebiet

*Bau einer Sperranlage*

*Die Stadt und ihre Umgebung, Holzschnitt von 1549*

## Stadt mit «Seeanschluss»

Auch wenn die Stadt St.Gallen nicht direkt am Bodensee liegt, gehörten Kontakte über den See zum Alltag. Die engsten Beziehungen bestanden im Bereich der Textilwirtschaft. Es war beispielsweise verbreitet, Leinentücher aus Deutschland zur Veredelung nach St.Gallen zu bringen. Grund dafür war das hohe Ansehen, welches die St.Galler Qualitäts-Schau und damit Tuch, das mit dem St.Galler Schauzeichen versehen war, genoss. Aus Geschäftsfreundschaften entstanden auch familiäre Verbindungen von St.Galler Geschlechtern mit solchen aus Konstanz, Ravensburg, Lindau, Isny und anderen Städten.

Über einen Hafen in Steinach hatte die Stadt St.Gallen zudem direkten Seeanschluss, der bis 1490 unter ihrer Kontrolle war. Transporte, die über den See kamen oder gingen, wurden im heute noch bestehenden so genannten Gredhaus in Steinach gelagert und verzollt. Häufigster Importartikel war schwäbisches Getreide; dieses diente der Versorgung der Stadt St.Gallen sowie der umliegenden Landschaft, die wegen zunehmender Ausrichtung auf Viehwirtschaft und Tuchweberei den Ackerbau vernachlässigte. Das vom ersten St.Galler Buchdrucker Leonhard Straub 1579 veröffentlichte Bild «**Bodensee**» zeigt den regen Güteraustausch über den See.

## Zwischen Reich und Eidgenossen

Im Gegensatz zu heute bildeten See und Rhein bis ins 19. Jahrhundert keine Grenzen, sondern sie waren verbindende Transportwege in einer seit dem frühen Mittelalter fassbaren Region Bodensee. Dennoch ist ein Auseinanderleben dies- und jenseits des Sees bereits Ende des 15. Jahrhunderts zu erkennen. Dies hängt mit dem Vordringen der Eidgenossen in die heutige Ostschweiz zusammen. 1451 wurden das Kloster St.Gallen und 1454 die Stadt als zugewandte Orte in die Eidgenossenschaft aufgenommen. Den Vorstehern des Klosters in der zweiten Hälfte des 15. Jahrhunderts gelang es mit Unterstützung der Eidgenossen, ihre Position wieder zu festigen. Nach langwierigen Auseinandersetzungen zwischen Kloster und Stadt kam es zu eidgenössischen Schiedssprüchen (1457–1462), die einen weiteren Schritt zur Verselbständigung der Stadt bedeuteten. Der Konflikt war damit aber noch nicht beigelegt, sondern eskalierte 1489/90 bis zu einer bewaffneten Auseinandersetzung.

Schliesslich musste sich die Stadt der eidgenössischen Ordnungsmacht unterstellen, bemühte sich aber auch weiterhin vor allem aus wirtschaftlichen Gründen um eine gute Beziehung zum Reich. *SO*

---

### 1450

| | | |
|---|---|---|
| **1451** Abtei St.Gallen zugewandter Ort der Eidgenossenschaft | **1454** Stadt zugewandter Ort der Eidgenossenschaft | **1489** Rorschacher Klosterbruch |
| | **1457–1462** Schiedssprüche der Eidgenossen im Konflikt zwischen Stadt und Kloster | |

*Grosses Banner der Stadt, Anfang 15. Jh.*

*St.Galler beteiligen sich am Klosterbruch*

## Reformation

Nachdem sich die Stadt politisch weitgehend vom Abt emanzipiert hatte, sagte sie sich im 16. Jahrhundert auch in religiöser Hinsicht von ihm los. Unter der Führung des Humanisten und nachmaligen Bürgermeisters **Joachim von Watt** (genannt **Vadianus**, 1484–1551) und des Luther-Schülers Johannes Kessler (1502/03–1574) trat sie als eine der ersten eidgenössischen Städte zur Reformation über. Diesen mehrjährigen Prozess kennzeichnen namentlich zwei wichtige Etappen: 1524 erliess der städtische Rat das Gebot des Schriftprinzips, gemäss dem Predigten allein auf die Bibel gegründet sein durften, und drei Jahre später wurde in der Hauptkirche St.Laurenzen erstmals das Abendmahl nach reformiertem Brauch gefeiert. Entsprechend dem damals üblichen Grundsatz, innerhalb eines Herrschaftsgebiets nur eine einzige Konfession zuzulassen (cuius regio eius religio), setzte sich die Bürgerschaft der Stadt St.Gallen fortan ausschliesslich aus Reformierten zusammen.

## Stadtrepublik und Fürstabtei

Völlige Selbständigkeit erlangte die Stadt im Jahre 1566. Damals einigte sie sich mit dem Kloster darauf, die beiden Territorien durch eine rund neun Meter hohe Mauer, die ungefähr der Zeughausgasse und Gallusstrasse entlang verlief, voneinander abzugrenzen. Rechte, welche die Abtei auf Stadtboden noch inne hatte, und althergebrachte städtische Verpflichtungen gegenüber dem Kloster wurden mit hohen Geldbeträgen abgelöst. Das Gleiche geschah mit Ansprüchen, welche die Stadt dem Kloster gegenüber geltend machen konnte. Die beiden St.Gallen – das benediktinische Reichskloster und sein Staat (auch Fürstabtei genannt) auf der einen sowie die Reichsstadt und Stadtrepublik auf der anderen Seite – existierten von da an als unabhängige und gleichberechtigte Staaten nebeneinander. Obwohl zwischen ihnen oft Spannungen herrschten, waren sie auf eine friedliche Koexistenz angewiesen – dies allein schon wegen ihrer Lage: Der so genannte Stiftseinfang mit dem Verwaltungssitz der Fürstabtei lag innerhalb der Stadt und wurde von dieser völlig umschlossen, während die Stadt ihrerseits vom weitläufigen Territorium des Klosters umfasst wurde.

### 1500

Ab 1524     Durchführung der Reformation

1566/1567    Endgültige Emanzipation der Stadt von der Abtei; Errichtung der Schiedmauer zwischen Klosterstaat und Stadtstaat

1579    Kauf der Herrschaft Bürglen im Thurgau

## Territorien

Das Gebiet der Fürstabtei gehörte bis zum Ende des 18. Jahrhunderts zu den grösseren Territorien der Eidgenossenschaft. Es umfasste zum einen den **Stiftseinfang**, der durch die Neubauten der Klosterkirche und von Teilen des Klosters nach der Mitte des 18. Jahrhunderts sein grosszügiges barockes Gepräge erhielt, und zum andern die Landschaft zwischen Wil und Rorschach sowie das Toggenburg.

Das städtische Hoheitsgebiet war hingegen klein und erstreckte sich über eine Fläche von lediglich rund drei auf zwei Kilometern. Die Mehrheit der Einwohner lebte innerhalb der Stadtmauern, während davor lange Zeit nur wenige Häuser standen. Als Stadtstaat besass St.Gallen kein politisch abhängiges Hinterland, sondern nur ein kleines, als Exklave im Thurgau liegendes Untertanengebiet, die 1579 durch Kauf erworbene Herrschaft Bürglen.

## Städtischer Rat

Den Klosterstaat regierte der Fürstabt in der Position eines geistlichen Monarchen. Demgegenüber leiteten der Grosse und der Kleine Rat mit drei jährlich sich abwechselnden Bürgermeistern an der Spitze vom **Rathaus** aus die städtische Politik. In diesen Räten stellten die Vertreter der sechs Zünfte (Weber, Schmiede, Schneider, Schuhmacher, Pfister und Metzger) eine rechtlich abgesicherte Mehrheit. Deshalb gilt St.Gallen als ausgeprägte Zunftstadt, in der alle männlichen erwachsenen Bürger einer Zunft beitreten mussten – abgesehen von den Kaufleuten, Angehörigen freier Berufe usw., die zur Gesellschaft zum Notenstein gehörten. Wie anderswo wurden diese zünftisch-demokratischen Verhältnisse auch in St.Gallen allmählich ausgehöhlt, indem sich der Kreis jener, die die wichtigen politischen Ämter zu besetzen vermochten, zunehmend verengte. Sowohl in der Stadtrepublik als auch in der Fürstabtei betrachteten sich die politisch führenden Schichten als von Gottes Gnaden in Amt und Würden eingesetzt und regelten das Leben der Untertanen bis ins Einzelne und weit in deren Privatsphäre hinein.

---

**1600**

um 1600 St.Galler Leinwandgewerbe wichtigster Exportzweig der Eidgenossenschaft

ab 1685 Ankunft zahlreicher hugenottischer Flüchtlinge

1697 Spannungen zwischen Fürstabtei und Stadt (kampfloser Verlauf des ‹Kreuzkriegs›)

*Abendmahlschale und -kelch der Eglise française de Saint-Gall*

## Bevölkerung

**D**ie Stadt St.Gallen zählte in der zweiten Hälfte des 17. Jahrhunderts schätzungsweise 6 000 Menschen. Vollberechtigte Einwohner waren einzig die männlichen, erwachsenen Bürger, die als Zunftgenossen oder Notensteiner auch an Wahlen teilnehmen konnten. Frauen sowie Hintersassen und Fremde (aus anderen Gebieten stammende Personen) hatten geringere und untereinander wiederum abgestufte Rechte. Es existierten nicht nur rechtliche, sondern auch grosse soziale Unterschiede – auch innerhalb der Bürgerschaft, die bis ins 18. Jahrhundert eine deutliche Bevölkerungsmehrheit bildete.

Die Gesellschaft der Frühen Neuzeit war immer wieder existenziellen Gefährdungen ausgesetzt, etwa der bis ins 17. Jahrhundert epidemisch wütenden Pest oder den bis ins frühe 19. Jahrhundert auftretenden Hungersnöten.

## Leinwand und Baumwolle

**O**bwohl ein Kleinstaat, war die Stadt St.Gallen aufgrund ihres Leinwandgewerbes ein in der damaligen Schweiz wirtschaftlich bedeutender Ort. Die mit dem St.Galler Gütesiegel versehenen Leinentücher bildeten für die Zeit um 1600 den wichtigsten Ausfuhrartikel der Eidgenossenschaft.

Kaufleute aus St.Gallen betrieben ihren Handel in weiten Teilen Europas, wobei sich ihre Geschäftstätigkeit in Frankreich seit dem 16. Jahrhundert besonders stark entwickelte. In Lyon, aber auch in anderen Handelsstädten lebten Angehörige von Kaufmannsfamilien oft jahrelang.

Im Verlaufe des 18. Jahrhunderts verlor das Leinwandgewerbe allmählich an Bedeutung, und an seine Stelle trat die ab 1721 betriebene Produktion von Baumwollgeweben. Die detaillierten Vorschriften, welche die Leinwandherstellung über Jahrhunderte auf das Genaueste geregelt hatten, galten für baumwollene Artikel nicht. Deren Produktion verlagerte sich auf die Landschaft, und gegen Ende des 18. Jahrhunderts spannen und woben in der ganzen Ostschweiz und im benachbarten Ausland zehntausende Heimarbeiterinnen und Heimarbeiter für die St.Galler Baumwollunternehmer.

**1700**

1721 Beginn der Baumwollverarbeitung

1755–1769 Neubau der Klosterkirche und von Teilen des Klosters

1798 Einmarsch französischer Truppen, Helvetische Revolution, Aufhebung der Fürstabtei und der Stadtrepublik als souveräne Staaten

## Revolution und Neuordnung

Um die Wende vom 18. zum 19. Jahrhundert wurden die inneren Verhältnisse der Alten Eidgenossenschaft im Zuge der Helvetischen Revolution und mit Hilfe französischer Truppen völlig umgestaltet. Mit der territorialen Neuordnung in der Ostschweiz wurden 1798 sowohl die Stadtrepublik als auch die Fürstabtei St.Gallen als souveräne Staaten aufgehoben. Nach einer Zeit der politischen Unruhe und Instabilität erfolgte 1803 die von Napoleon verordnete Gründung des Kantons St.Gallen mit der gleichnamigen Stadt als Hauptort. Diese war inzwischen zu einer politischen Gemeinde geworden, in der die politischen Rechte nicht mehr wie zuvor auf die Ortsbürger beschränkt waren, sondern einem weiteren Kreis von Niedergelassenen zustanden.

Mit der fürstäbtischen Herrschaft galt auch das über tausendjährige Benediktinerkloster als aufgehoben, als der junge Kanton im Jahre 1805 die Aufteilung der klösterlichen Vermögenswerte beschloss. Einen Teil der Klostergebäude bezogen später der Bischof von St.Gallen und die Verwaltung des Bistums, das 1847 als eigenständige Diözese gegründet wurde.

## Industrialisierung und Stickerei

Gleichzeitig mit der politischen setzte in St.Gallen die industrielle Revolution ein: 1801 gründete eine Aktiengesellschaft eine mechanische Baumwollspinnerei, welche als eine der ersten Fabriken in der Schweiz gilt. Diesem Beispiel folgten in der Stadt und ihrer Nachbarschaft bald weitere Spinnereien, welche die Wirtschaft belebten, aber auch die Schattenseiten des Fabriksystems wie übermässige Arbeitszeiten oder Kinderarbeit mit sich brachten. Mit der Zeit erfasste die Industrialisierung weitere zuvor von Hand betriebene Tätigkeiten.

Zentrale Bedeutung für die städtische Wirtschaft erlangte die Mechanisierung der Stickerei durch die Stickmaschine. Sie bildete die technische Voraussetzung für die ‹Stickereiblüte›, die Hochkonjunktur der St.Galler Stickereiindustrie, welche von den späteren 1860er-Jahren bis zum Ausbruch des Ersten Weltkriegs 1914 dauerte und die Wirtschaft der Ostschweiz und Vorarlbergs mehr und mehr beherrschte. St.Galler Stickereien eroberten den Weltmarkt und gehörten dank der grossen Ausfuhrmengen nach den USA, aber auch nach Grossbritannien, Frankreich und Deutschland zu den wichtigsten Exportartikeln der Schweiz.

### 1800

1801 Gründung der ersten mechanischen Baumwollspinnerei in St.Gallen

1803 Gründung des Kantons St.Gallen mit St.Gallen als Hauptstadt

1856 Eröffnung der Eisenbahnlinie Wil – St.Gallen – Rorschach

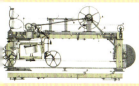

*Planzeichnung einer Mule-Jenny (erste Spinnmaschine, die in der Schweiz zum Einsatz kam)*

## Bevölkerungs- und Bauboom

**D**ie wirtschaftlich dynamische Stadt zog immer mehr Menschen an. Lebten um 1800 lediglich etwa 8 000 Personen in St.Gallen, so stieg ihre Zahl bis 1910 auf fast 38 000. Die wachsende Bevölkerung veränderte sich in ihrer Zusammensetzung. Zur mehrheitlich reformierten und politisch der liberalen Seite zuneigenden Einwohnerschaft stiessen neu zunehmend Katholiken sowie in der zweiten Hälfte des 19. Jahrhunderts auch Juden. Die Zugewanderten stammten teilweise aus dem Ausland, hauptsächlich aus Deutschland, Italien und Österreich.

Parallel zu dieser Entwicklung setzte im 19. Jahrhundert eine hektische Bautätigkeit ein. Es entstanden Wohn- und Geschäftsbauten, Schulen und Kirchen, ein **Stadttheater**, Tiefbauten für die Erschliessung der neu angelegten Quartiere usw. Einen zusätzlichen Bauschub löste im Jahre 1856 die Anbindung St.Gallens an das schweizerische Eisenbahnnetz aus. All dies veränderte das Stadtbild nachhaltig. Der bisherige Siedlungsraum, die Altstadt und die Vorstädte, boten mit der Zeit zu wenig Platz, so dass bis zum Ende des 19. Jahrhunderts zunächst der ganze Talboden zwischen der Kreuzbleiche und St.Fiden und danach auch Teile der Abhänge im Norden und Süden der Stadt überbaut wurden. Im Verlaufe des 19. Jahrhunderts wurde die mittelalterliche Stadtmauer mit ihren Toren und Türmen abgerissen.

## Stadtvereinigung

**N**och stürmischer als in der Stadt verlief das Wachstum in den beiden Nachbargemeinden Straubenzell und Tablat. Diese ehemals äbtischen Untertanengebiete entwickelten sich innerhalb weniger Jahrzehnte von katholisch geprägten Bauerngemeinden zu Industrievororten mit einem hohen Bevölkerungsanteil an Arbeitern und Ausländern. Baulich wuchsen St.Gallen, Straubenzell und Tablat allmählich zu einer einzigen Agglomeration zusammen und verschmolzen mit der Stadtvereini-

St. Gallen - Theater

gung von 1918 zur rund 70 000 Menschen zählenden politischen Gemeinde St.Gallen in ihren bis heute gültigen Grenzen.

| 1850 | | 1900 |
|---|---|---|
| nach 1865 bis 1914 Stickereiblüte, Hochkonjunktur der Stickereiindustrie | 1895 Wasserversorgung für die Stadt aus dem Bodensee | ab 1914 Stickereikrise |

**Brücken besetzt!**
Verzweiflungsakt der St.-Galler Sticker

## Ende der Textilstadt

Die Stadtvereinigung wurde wenige Monate vor dem Ende des Ersten Weltkrieges vollzogen. Dieser hatte das Ende der Stickereiindustrie eingeläutet. Wegen der wirtschaftlichen Lage in den ehemaligen Abnehmerländern, mehr allerdings noch wegen eines tief greifenden Modewandels, geriet die St.Galler Hauptindustrie in den 1920er- und 1930er-Jahren in eine langdauernde und mit hoher Arbeitslosigkeit verbundene Krise.

Erst nach dem Zweiten Weltkrieg konnte sich die Stadt wirtschaftlich erholen. Sie hatte Anteil an der allgemein einsetzenden und bis in die 1970er-Jahre dauernden Hochkonjunktur, allerdings auch an der wechselhaften Wirtschaftsentwicklung, welche das ausgehende 20. Jahrhundert prägte. In der städtischen Wirtschaft überwog nun erstmals seit dem Mittelalter nicht mehr das Textilgewerbe, sondern in zunehmendem Masse der Dienstleistungssektor – neben Banken, Versicherungen usw. namentlich die Bildungsanstalten, die öffentliche Verwaltung sowie die Institutionen des Gesundheitswesens.

## Konsumgesellschaft

Nach einem Höchststand von rund 80 000 Personen im Jahre 1970 pendelte sich um 2000 die Einwohnerzahl bei rund 70 000 ein. Obwohl sich die Bevölkerung heute aus Angehörigen verschiedenster Kulturkreise, Sprachen und Religionen zusammensetzt, liegt der Ausländeranteil unter jenem von 1910.

Die insgesamt gute Wirtschaftslage sowie die Bedürfnisse der neu entstandenen Konsumgesellschaft veränderten das Aussehen der Stadt erheblich. Neben der Erbauung neuer Quartiere und Einkaufszentren an den Stadträndern zwangen insbesondere die Erfordernisse des rasant wachsenden Individualverkehrs zu massiven Eingriffen in das Stadtbild. Dies führte gegen das Jahrhundertende zu immer breiterer Opposition. Ein grosser Teil der politischen Auseinandersetzungen begann sich um die Frage zu drehen, wie in der Stadt ein allgemein akzeptierter Ausgleich zwischen urbaner Betriebsamkeit und privater Lebensqualität erreicht werden könne.                    *MM*

1918  Stadtvereinigung zwischen St.Gallen, Straubenzell und Tablat

nach 1948  Wirtschaftsaufschwung, Ende der Textilstadt, Bauboom

1987  Eröffnung der Stadtautobahn

# 1 | Weltkulturerbe Stiftsbezirk

**D**as Galluskloster war ein Brennpunkt der abendländischen Wissenschaft, ein Ort der Kultur und eine Stätte von grosser Ausstrahlung weit hinein nach Europa. Viele der in St.Gallen entstandenen Werke, seien es Handschriften oder Urkunden, überdauerten an Ort und Stelle die Aufhebung des Klosters im Jahr 1805 sowie die Zeit seither. Zudem gehören die ehemalige Klosterkirche der hl. Gallus und Otmar und der weltberühmte Barocksaal der Stiftsbibliothek zu den bedeutendsten Raumschöpfungen des europäischen Rokoko. Dieser bauliche Reichtum einerseits, anderseits der grosse Bestand an original erhaltenem Schrifttum machen den Stiftsbezirk St.Gallen zu einem Sonderfall der kulturellen Überlieferung. Zu Recht zählt er bereits seit 1983 zum Weltkulturerbe der UNESCO.

Der Stiftsbezirk mit der dominierenden Doppelturmfassade der Kathedrale und der hufeisenförmigen Geschlossenheit des Klosterhofs wurde 1983 in die UNESCO-Liste des Weltkulturerbes aufgenommen.

16

D**ie** Geschichte des Klosters beginnt mit Gallus, der sich 612 im Steinachtal niederliess. Bald schon sammelten sich Schüler um ihn, die auch nach seinem Tod (an einem 16. Oktober um 640) eine Gemeinschaft bildeten.

Der Priester Otmar führte am Gallusgrab das Klosterleben ein, das sich später nach der Benediktsregel ausrichtete. Es wurden Wohnstätten für die Mönche, eine Kirche aus Stein, eine Herberge für Arme und ein Haus für Aussätzige gebaut. Die benediktinische Regel verpflichtete die Mönche zu Ortsbeständigkeit und Gehorsam. Sie gliederte ihren Alltag in feste Stunden des Chorgebets, der geistlichen Lesung und der Arbeit. Die Schenkung umfangreichen Landes durch alemannische Einwohner brachte dem Kloster bedeutenden Grundbesitz.

Gallus fällt in die Dornen und erkennt darin ein göttliches Zeichen. Altargemälde, um 1760.

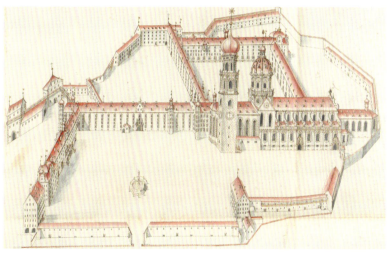

Vom 9. bis 11. Jahrhundert entwickelte sich das Kloster zu einer der wichtigsten Kultur- und Bildungsstätten nördlich der Alpen. In der Schreibwerkstatt entstanden Bücher von einmaliger Ausführung. Die Dichtungen, Kompositionen, Geschichtswerke oder Übersetzungen der gelehrten Mönche Notker Balbulus, Ratpert, Tuotilo, Notker (des Deutschen) oder Ekkehard IV. gelten als herausragende Schöpfungen ihrer Zeit.

Nicht umgesetztes Projekt eines Klosterneubaus. Federzeichnung von Pater Gabriel Hecht, um 1720/26.

Karte der Fürstabtei St.Gallen, 1768 von Gabriel Walser. In Gelb: Alte Landschaft, daran angrenzend das Toggenburg. Rechts das Rheintal, wo das Kloster St.Gallen zahlreiche Rechte besass.

Betender Abt Ulrich Rösch. Geschmückte Initiale im persönlichen Gebetbuch des St.Galler Abtes, 1472.

Im Spätmittelalter kam es zu einem Niedergang des Klosters, was sich erst unter Abt (1463-1491) Ulrich Rösch wieder ändern sollte. Er führte das Kloster zu neuer Blüte und fasste dessen verstreuten Besitz zu einem Staat zusammen, genannt Fürstabtei St.Gallen. Zur Alten Landschaft zwischen Rorschach und Wil (dem Fürstenland) erwarb er 1468 die Grafschaft Toggenburg (Neue Landschaft). Ausserdem besass die Abtei auch im Rheintal zahlreiche Rechte. Die Fürstabtei St.Gallen zählte 1798 eine Bevölkerung von rund 100 000 Menschen; damit gehörte sie zu den grössten staatlichen Gebilden auf dem Gebiet der Alten Eidgenossenschaft.

Nach der Reformation konnte das Kloster wieder eingerichtet werden. Im 17. und 18. Jahrhundert kam es zur letzten Blütezeit. Vom Glanz dieser Epoche zeugen vor allem die grossartigen Barock- und Rokokobauten im Stiftsbezirk.

Dem geistlichen Fürstentum stellten sich jedoch seit den 1780er-Jahren auch grosse Probleme. An den schlechten Finanzen und der Frage des Mitspracherechts des Kapitels spaltete sich die Gemeinschaft. Ausserdem breitete sich in Europa der Geist der Aufklärung aus, der die Völker – so auch die st.gallischen Untertanen – auf Freiheit, Gleichheit und die Befreiung von Abgaben hoffen liess. 1789 brach in Frankreich die Revolution aus. Ihr Geist griff bald auf die Schweiz über. Trotz Zugeständnissen, die das Kloster seinen Untertanen machte, gärte es überall.

Dem realitätsfernen Abt, Pankraz Vorster, entglitten die Abtei und der Klosterstaat. Unter dem Einfluss des Ersten Konsuls von Frankreich, Napoleon Bonaparte, ging 1803 der ehemalige Fürstenstaat im neuen Kanton St.Gallen auf. 1805 wurde auch das Kloster aufgehoben. Zurück blieb ein reiches Erbe.

Siegel von Abt und Konvent von St.Gallen am Gütlichen Vertrag von 1795. Mit dem Vertragswerk erhielten die Untertanen mehr Rechte.

# Übersicht Stiftsbezirk

**a** Ehemalige Klosterkirche St.Gallus und Otmar, heute Kathedrale
**b** Westflügel mit Stiftsbibliothek und Lapidarium
**c** Südflügel
**d** Ostflügel
**e** Klosterhof
**f** Hofflügel
**g** Neue Pfalz
**h** Zeughausflügel mit Staatsarchiv und Stiftsarchiv
**i** Schiedmauer
**j** Karlstor
**k** Befestigungswerke

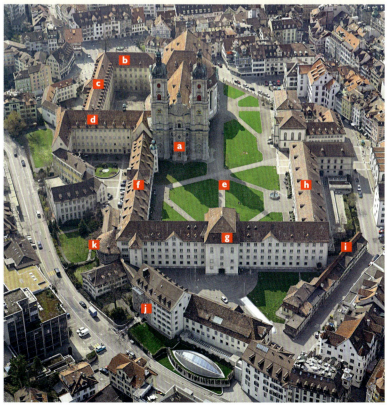

# Kathedrale St.Gallus und Otmar

Das Innere des Münsters vor der Reformation. Rekonstruktions-zeichnung um 1916 von August Hardegger.

**D**er monumentalen Kirche gingen mehrere Vorgängerbauten voraus. Ursprünglich stand hier das Bethaus des hl. Gallus, bei dem der Heilige um 640 bestattet wurde. Die jüngeren Bauten bezogen das Gallus-Grab mit ein. Um 720 (Klostergründung) entstand eine steinerne Kirche. Bereits im 9. Jahrhundert erreichte das Gotteshaus die heutige Länge. Im 15. Jahrhundert wurde ein neuer Chor im gotischen Stil gebaut. 1756 schritten die Mönche zum letzten Neubau der Kirche, der 1766 vollendet wurde. An der Planung hatte der bekannte Baumeister Johann Kaspar Bagnato wesentlichen Anteil, während die Bauleitung in der Hand von Johann Michael Beer lag. Bauherren waren die Äbte Cölestin Gugger von Staudach und Beda Angehrn. Nach Aufhebung des Klosters wurde das Gotteshaus 1824 zur Kathedrale (Bischofskirche). 1961-1967 erfuhr es eine Innen-, 2000-2003 eine Aussenrenovation.

Die Kirche hat einen langgestreckten, rechteckigen Grundriss. In ihn ist die Rotunde (Rundbau) in der Art eines Querschiffs eingeschoben. An der östlichen Schmalseite erhebt sich die einprägsame Zweiturmfassade als dominante Schaufront, das Wahrzeichen von Bistum, Stadt und Kanton St. Gallen. Zum plastischen Fassadenschmuck gehören die Figuren der hll. Mauritius und Desiderius und das Relief mit der Krönung Marias durch die hl. Dreifaltigkeit.

Fürstabt Cölestin Gugger von Staudach. Porträt, 1766 von Maler Josef Wannenmacher.

Das Innere der Kirche präsentiert sich als dreischiffige Freipfeileranlage mit zentraler Kuppel (Rotunde). Qualitätvolle Stuckaturen, Gewölbebilder, Altäre und das Chorgestühl gehören zu den Höhepunkten der Ausstattung. Das Konzept der aufeinander harmonisch abgestimmten Kunstformen stammt von Christian Wentzinger, Bildhauer und Maler.

Modell der Klosterkirche, 1751/52 geschaffen von Klosterbruder Gabriel Loser.

Gallus-Glocke, aus Stahlblech geschmiedet, möglicherweise noch 7. Jahrhundert.

Blick aus der Rotunde ins Gewölbe. Dem Kuppelgemälde sagt man auch Paradies (Versammlungsort vieler Heiliger).

**D**ie Stuckaturen sind ein Werk von Johann Georg und Matthias Gigl: Sie vermitteln zwischen der helltonigen Architektur und den in dunklen Farben gehaltenen Deckenbildern. Verblüffend ist die Fülle an pflanzlichen Formen, die Tausende von Kombinationen und Arrangements zählt. Die Farbtöne des Stucks sind Kupfergrün (Malachit), Lachsrot, Rot-Gelb, Ocker und Violett. Hingewiesen sei auf den qualitätvollen stuckierten Galluszyklus (1755-1757) von Wentzinger in den Nebenräumen der Rotunde.

Der Maler der Gewölbebilder, Josef Wannenmacher, hinterliess in St.Gallen sein Hauptwerk. In der Kuppelschale der Rotunde, dem Paradies, sind auf spiralförmigen Wolkenbändern 60 Heilige angeordnet. Sie alle hatten im Kirchenjahr ihren festen Platz und wurden nicht nur von den Mönchen, sondern auch in den st.gallischen Landpfarreien verehrt. Auf der Ostseite des Chorgitters, das 1772 von Hofschlosser Josef Mayer ausgeführt worden ist (Wappen: Abt Beda Angehrn), stehen sechs Altäre mit

reichen Aufbauten. Erst nach der Aufhebung der Abtei ist der Aufbau des Hochaltars entstanden. Bildhauer Josef Simon Moosbrugger hat ihn im klassizistischen Stil geformt und mit einem bereits bestehenden Bild (1644/45) von Giovanni Francesco Romanelli ausgestattet. Dieses zeigt die Himmelfahrt der Muttergottes. Das plastische Meisterwerk im Altarraum ist das Chorgestühl. Geschaffen wurde es unter der Gesamtleitung von Bildhauer Josef Anton Feuchtmayer. Die Reliefs am Aufbau des Chorgestühls stellen Szenen aus dem Leben des hl. Benedikt dar. Einen integralen Teil der imposanten Schaufronten bildet jeweils das bekrönende Orgelwerk, entstanden 1768-1770 durch Viktor Ferdinand und Josef Bossard mit Schnitzwerk von Bildhauer Franz Anton Dirr. Im Chor befindet sich auch der Abstieg zur Galluskrypta. Hier sind die sterblichen Überreste der letzten drei St.Galler Fürstäbte beigesetzt. In einer Nische der Ostwand steht ein modernes Schaugefäss mit einem Schädelfragment. Es soll sich um eine Gallus-Reliquie handeln; das Knochenstück stammt gemäss naturwissenschaftlicher Altersbestimmung aus der Zeit zwischen 601 und 807.

Wappen von Fürstabt Beda Angehrn als Bekrönung des Chorgitters.

Hinweis: Der Chor der Kathedrale kann normalerweise nur anlässlich von Führungen besichtigt werden.

# Klostergeviert

Östlicher Kreuzgangarm.
Die vergitterten Fenster gehören
zum ehemaligen Refektorium,
dem heutigen Musiksaal.

Figur des hl. Gallus, um 1625
von Bildhauer Hans Schenck.

An die ehemalige Klosterkirche schliesst ein Gebäudeviereck an. Es besteht aus dem Westflügel (mit Stiftsbibliothek und Lapidarium; vgl. S. 25, 32), dem Südflügel und dem Ostflügel. Im Erdgeschoss sind diese Flügel über den ehemaligen Kreuzgang miteinander verbunden. Darüber liegen jeweils mehrere Stockwerke. Der vierte, nördliche Gebäudeflügel besteht nur aus dem Kreuzgang.

In diesen vier Gebäudeflügeln lebten, beteten und arbeiteten einst die Mönche. Hier befanden sich beispielsweise die Mönchszellen, die Gemeinschaftsräume (Refektorium, Kapitelsaal) und die Krankenzimmer. Die meisten der Räume werden heute einerseits von der Stiftsbibliothek genutzt, anderseits von der Katholischen Kantonssekundarschule «flade». Entsprechend wurde der einst begrünte Innenhof in einen Sportplatz verwandelt.

In der Eingangshalle des Ostflügels stehen Figuren der hll. Gallus und Otmar, die vermutlich vom Altar der ehemaligen Otmars-Kirche (sie bildete einst den Westabschluss des Schiffs der Stiftskirche) stammen. Es sind um 1625 entstandene Werke des Bildhauers Hans Schenck.

Giebelrelief auf der Südseite
der Rotunde mit Darstellung
der Bärengeschichte.

# Stiftsbibliothek (Barocksaal)

**D**er Westflügel des Klosters, in dem sich der weltbekannte Barocksaal befindet, wurde 1758/59 nach Plänen der Baumeister Peter (Vater) und Peter Franz Xaver Thumb (Sohn) erbaut. Das in den Barocksaal führende repräsentative Portal, um 1781 entstanden und Bildhauer Franz Anton Dirr zuzuschreiben, trägt als Bekrönung die griechische Inschrift ΨΥΧΗΣ ΙΑΤΡΕΙΟΝ (frei übersetzt: «Heilstätte der Seele» oder «Seelenapotheke»).

Der Saal gilt als einer der schönsten barocken Bibliotheksräume im Bodenseeraum. Er besitzt eine ausserordentliche Ausstrahlung: Die Bibliothek zieht wegen dieses Raums und der in ihm gezeigten Ausstellungen jährlich rund 120 000 Gäste an; damit gehört sie zu den meistbesuchten Museen der Schweiz.

Eingang zum Barocksaal der Stiftsbibliothek. Die griechischen Wörter in der Kartusche bedeuten: Heilstätte der Seele oder Seelenapotheke.

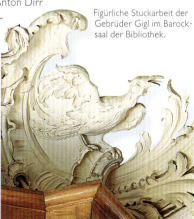

Figürliche Stuckarbeit der Gebrüder Gigl im Barocksaal der Bibliothek.

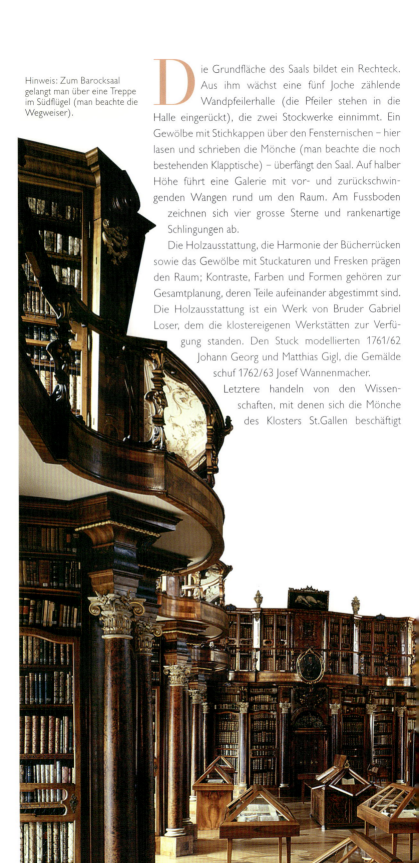

Hinweis: Zum Barocksaal gelangt man über eine Treppe im Südflügel (man beachte die Wegweiser).

Die Grundfläche des Saals bildet ein Rechteck. Aus ihm wächst eine fünf Joche zählende Wandpfeilerhalle (die Pfeiler stehen in die Halle eingerückt), die zwei Stockwerke einnimmt. Ein Gewölbe mit Stichkappen über den Fensternischen – hier lasen und schrieben die Mönche (man beachte die noch bestehenden Klapptische) – überfängt den Saal. Auf halber Höhe führt eine Galerie mit vor- und zurückschwingenden Wangen rund um den Raum. Am Fussboden zeichnen sich vier grosse Sterne und rankenartige Schlingungen ab.

Die Holzausstattung, die Harmonie der Bücherrücken sowie das Gewölbe mit Stuckaturen und Fresken prägen den Raum; Kontraste, Farben und Formen gehören zur Gesamtplanung, deren Teile aufeinander abgestimmt sind. Die Holzausstattung ist ein Werk von Bruder Gabriel Loser, dem die klostereigenen Werkstätten zur Verfügung standen. Den Stuck modellierten 1761/62 Johann Georg und Matthias Gigl, die Gemälde schuf 1762/63 Josef Wannenmacher.

Letztere handeln von den Wissenschaften, mit denen sich die Mönche des Klosters St.Gallen beschäftigt haben. Gemalt sind aber auch die Kirchenväter, die als Chronisten und Theologen für die Mönche grosse Vorbilder waren. In der Hauptachse des Saales sind die ersten vier Konzilien der Christenheit dargestellt. An diesen Kirchenversammlungen rangen die frühen Christen um Wahrheit und Rechtgläubigkeit – befassten sich also mit Fragen, die sich der st. gallischen Mönchsgemeinschaft im Zeitalter der Aufklärung ebenfalls stellten (vgl. im vierten Konzilsbild die Anspielung auf die Rotunde der ehemaligen Klosterkirche).

Bücherschrank im Manuskripten-kabinett.

In den Nischen, die über den Pilastern (Halbsäulen) angebracht sind, stehen 20 Putten als Verkörperung von Wissenschaften, Künsten und Handwerkssparten. Die Figuren dürften im Umfeld von Bildhauer und Konzeptor Christian Wentzinger entstanden sein. In den Lünetten (Süd, Nord) sind zwei Gemälde zu sehen: Jesus im Grab (Kopie nach Hans Holbein) und der 1599 im Grab unversehrt vorgefundenen Leib der hl. Cäcilia. – An der Balustrade (Nord, Süd) verweisen die beiden zeitgenössischen Porträts auf die Äbte Cölestin Gugger von Staudach (Auftraggeber und erster Bauherr der Bibliothek) und Beda Angehrn (zweiter Bauherr und Vollender der Bibliothek).

# Schätze der Stiftsbibliothek

Straussenei-Pokal aus dem
Raritätenkabinett.

**D**ie mumifizierten sterblichen Überreste von Schepenese (Schep [?] von der Göttin Isis), die um 650 bis 610 vor Christi Geburt lebte, gelten als heimliche Hauptattraktion der Bibliothek. Mit dem Kloster selbst hat die Mumie aber nichts zu tun, da sie erst nach der Aufhebung der Abtei in den Barocksaal gelangte. Der Gesamtbestand der Bibliothek beträgt (2008) rund 175 000 Bände, wovon zirka 30 000 im barocken Bibliothekssaal aufgestellt sind. Die Stiftsbibliothek bietet im Barocksaal regelmässig Sonderausstellungen zu speziellen Themen an, die aus der Beschäftigung mit dem stift-st.gallischen Schrifttum hervorgehen.

Die Putten, in den 1760er-Jahren geschnitzt, verweisen auf die Fachgebiete der Bibliothek (hier: Gartenbau).

Ägyptische Sarkophage und Mumie im Barocksaal der Stiftsbibliothek.

Evangelium longum. 894 entstanden. Von Mönch Sintram geschaffen, mit von Mönch Tuotilo beschnitzten Elfenbeintafeln als Einband. Ein Werk von Weltrang.

**D**ie Stiftsbibliothek beherbergt die wissenschaftlichen und literarischen Handschriften der ehemaligen Abtei. Diese decken den Zeitraum von zirka 400 bis 1805 ab. Die Stiftsbibliothek St.Gallen ist die älteste Bibliothek der Schweiz und eine der grössten und ältesten Klosterbibliotheken der Welt. Ihr ausserordentlich wertvoller Bücherbestand, der den bedeutendsten Handschriftenkorpus der Schweiz aus dem Mittelalter darstellt, dokumentiert die Entwicklung der europäischen Kultur und offenbart die kulturelle Leistung des Klosters St.Gallen vom 8. Jahrhundert bis zur Aufhebung der Abtei im Jahr 1805. Die Stiftsbibliothek ist auch eine moderne wissenschaftliche Bibliothek mit Ausrichtung auf die Epoche des Mittelalters.

Folchart-Psalter, zwischen 864 und 883 entstanden, mit herrlichen Goldinitialen.

Q-Initiale des Folchart-Psalters aus dem 51. Psalm.

Nibelungen-Handschrift B, um 1225/50 entstanden, mit den Dichtungen Parzival und Willehalm des Wolfram von Eschenbach in allerbester Fassung. Seit 2009 UNESCO-Weltdokumenten-Erbe.

Kern des Bestandes sind die rund 2 000 Handschriften, von denen viele aus dem St.Galler Skriptorium (Schreibwerkstatt) stammen. Auswärtiger Herkunft sind 108 vorkarolingische Handschriften ab zirka 400, darunter eine wichtige Sammlung irischer Handschriften. Ferner stehen im Barocksaal rund 1 000 Inkunabeln oder Wiegendrucke (bis 1500 entstandene Druckwerke) und mehrere Hundert Frühdrucke (nach 1500 entstandene Bücher).

Der St.Galler Mönch Luitherus überreicht sein fertig gestelltes Buch dem hl. Gallus. Handschrift um 1135.

Gallus und Hiltibod, sein Begleiter, fischen am Steinach-Fluss, wo ihnen zwei Dämonen in Gestalt nackter Frauen begegnen. Handschrift von 1452.

Beim St.Galler Klosterplan handelt es sich um den ältesten erhaltenen Bauplan Europas. Rund 50 Gebäulichkeiten sind in ihm festgehalten. Der Plan wurde vor dem Jahr 830 auf der Bodenseeinsel Reichenau gezeichnet. Adressat des Dokuments war der St.Galler Abt Gozbert, der sich damals anschickte, die Kirche des Gallusklosters neu errichten zu lassen (Gozbert-Münster, 830-837). Der Plan weist einerseits geistliche Gebäude auf (z. B. die Stiftskirche), andererseits weltliche (z. B. Gasthäuser, Brauereien, Werkstätten, Stallungen). Damit setzt er das «ora et labora» («Bete und arbeite!»), den zentralen Grundsatz der Klosterregel des hl. Benedikt, organisatorisch um.

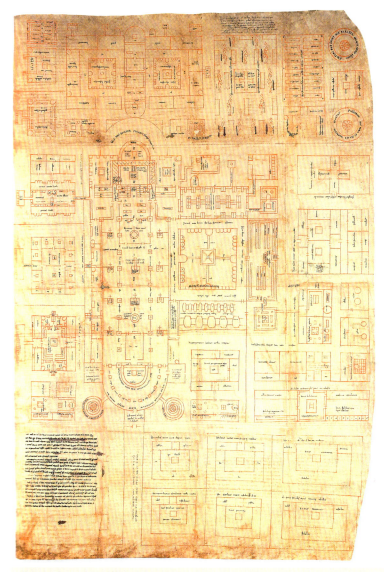

**Öffnungszeiten der Stiftsbibliothek (Barocksaal)**

Montag bis Samstag von 10.00 bis 17.00 (sonntags bis 16.00)
**Besondere Öffnungszeiten:** Tel. +41 (0)71 227 34 15

# Lapidarium

Blick ins Lapidarium mit Werkstücken aus dem mittelalterlichen Gallus-Münster.

Das Lapidarium befindet sich im barocken Kellergewölbe des Westflügels (man beachte die Wegweiser). «Lapidarium» stammt vom lateinischen Wort «lapis» (Stein). Es handelt sich um eine bedeutende Sammlung karolingisch-ottonischer, gotischer

und frühbarocker Architekturplastik. Die meisten der hier seit 1981 ausgestellten Stücke fanden anlässlich der archäologischen Grabung (1964/65) in der ehemaligen Klosterkirche ans Licht zurück. Aufschlussreich zum Verständnis der Sammlung sind der schematische Überblick der Bauphasen von Klosterkirche und Klostergebäuden. Die Werkstücke aus karolingischer und gotischer Zeit belegen, dass diese Phasen der st.gallischen Kunstgeschichte auch im Bereich der Architektur und Steinskulptur Meisterleistungen hervorgebracht haben.

Schlussstein aus dem 1551 eingeweihten Bibliotheksbau mit Familienwappen damaliger Mönche.

Kapitelle aus dem sogenannten Gozbert-Münster, um 830/35.

Im Vorraum zum Lapidarium befindet sich die Tafelbildausstellung «Die Kultur der Abtei St.Gallen». Sie widmet sich den vielseitigen Aspekten der st.gallischen Klosterkultur sowie der Geschichte der Fürstabtei.

# Klosterhof

Der St.Galler Klosterhof ist schweizweit das einzige Beispiel grosszügig konzipierter und gebauter barocker Herrscherarchitektur nach den gestalterischen Prinzipien von Achsialität und Monumentalität, verbunden mit einer Grosskirche gleichen Stils. Dabei stellt die offene Platzsituation möglicherweise nur ein Zufallsprodukt dar resp. das Fragment einer ursprünglich weit umfassenderen Gesamtplanung. Auszugehen ist von einem Gebäudeviereck, das – bei Vollendung – den Klosterhof mit ähnlichen Gebäudeketten wie der Neuen Pfalz (vgl. zu ihr S. 35)

Der Klosterhof mit Stiftskirche (rechts), Hofflügel (Hintergrund) und Pfalz (rechts). Zeichnung, nach 1709, von Johann Melchior Füssli.

umschlossen hätte. Bewusst oder unbewusst setzt die Gestaltung an bei einem Plan, den 1721 Klosterbruder Kaspar Moosbrugger entwickelt hatte. Trotz kleinräumiger, einschränkender Verhältnisse wurden im 17. (Hofflügel; vgl. zu ihm S. 34), vermehrt aber im 18. Jahrhundert Grundprinzipien der Herrscherarchitektur systematisch umgesetzt. Die Anlage blieb ein architektonischer Torso, da das Kloster vor der Vollendung seiner ehrgeizigen Bauziele aufgehoben wurde. Das Wegnetz des Platzes ist ebenfalls historisch: Es diente dem stift-st.gallischen Militär für Paraden und erinnert daran, dass der Fürstenstaat auch eine eigene Armee unterhielt.

Stiftskirche, Fassadenausschnitt (zwischen den Türmen). Im Relief Darstellung der Krönung Marias, auf den Sockeln Figuren der hll. Desiderius (links) und Mauritius (beide erneuert).

# Hofflügel

Der Hofflügel mit der bischöflichen Residenz (rechts, mit Turm).

**D**er Hofflügel ist die Alte Pfalz (Sitz des Abtes), die sich vom Südturm der Kathedrale nach Osten erstreckt. 1666 entwarfen die Baumeister Giovanni Serro und Giulio Barbieri dazu die Baupläne. Im Gebäudetrakt waren bis zum Bezug der Neuen Pfalz die Repräsentationsräume des Abtes untergebracht, ferner die Hofhaltung (mit Küche, Bäckerei, Apotheke), das Zentrum der geistlichen Landesverwaltung des Klosters (Offizialat) und die Statthalterei.

Sogenanntes Tafelzimmer im Hofflügel, ehemals Speisesaal (daher Tafel) der Äbte des Klosters St.Gallen.

Steinfigur des hl. Desiderius vor der Galluskapelle, 1844 von Bildhauer Johann Jakob Oechslin (von der Turmfassade).

Im westlichen Flügelabschnitt (Parterre, vom Brunnenhof aus zugänglich) befindet sich die Galluskapelle (Einlass auf Anfrage). Hier sieht die Tradition jenen Ort, wo Gallus sich in einem Dornenstrauch verfing, strauchelte und darin ein Zeichen Gottes erkannte. Prunkstück der Ausstattung dieser Kapelle ist ein Bilderzyklus mit Szenen aus dem Leben des hl. Gallus. Die Bildtafeln wurden zirka 1666-1671 gemalt. Als Künstler wird Johann Sebastian Hersche vermutet; um 1760 dürfte Maler Josef Wannenmacher die Gemälde überarbeitet haben. In den ehemaligen äbtischen Zimmern befindet sich heute die Bischöfliche Residenz.

Doppelte Wappenkartusche am Hofflügel mit den Hoheitszeichen des Kantons St.Gallen (links) und des Bischofs von St.Gallen.

# Neue Pfalz

Die Neue Pfalz schliesst den Klosterhof gegen Osten ab. Sie wurde 1767-1769 auf Veranlassung von Abt Beda Angehrn gebaut. Baumeister war Johann Ferdinand Beer. Heute Teil der Verwaltung des Kantons St.Gallen, diente die Neue Pfalz vor 1803 als Residenz des Abtes. Die persönlichen Abtsgemächer, der Thronsaal und die gesamte Landesverwaltung waren hier untergebracht. Die monumentale, viergeschossige Fensterfront zählt 21 Achsen. Davon sind die mittleren drei verklammert durch vier mit Kapitellen bekrönte Pilaster. Sie gehören zu einem die Gesamtfront stark akzentuierenden Risalit (markant aus der Zeile vorstehender Gebäudeteil). Ehemals befand sich im vierten, leicht gehöhten Stockwerk der äbtische Thronsaal. Der Raum dient heute als Tagungsort des Kantonsrats (Kantonsparlament).

Neue Pfalz. Im obersten Stockwerk des Mittelrisalits befand sich einst der Thronsaal des Abtes, heute der Grossratssaal.

1786/87 malte Josef Anton Pullacher den Saal aus und schuf dabei ein höchst qualitätvolles illusionistisches Werk. Die Ausmalung selbst ist nur in einer kleinformatigen Kopie erhalten; denn 1881 wurde der Saal im Stil des Historismus zum heutigen Erscheinungsbild umgestaltet.

Ausmalung im ehemaligen Thronsaal des Abtes des Klosters St.Gallen. Qualitativ hochstehende Illusionsmalerei, 1786/87 von Josef Anton Pullacher.

# Zeughausflügel (Staats- & Stiftsarchiv)

Zeughausflügel mit Eingang zum
Staats- und Stiftsarchiv.
Im Hintergrund der Turm der
Kirche St.Laurenzen.

**D**er Bau entstand 1838-1841 nach Plänen von Architekt Felix Wilhelm Kubly. Kubly wählte den damals modischen Stil der florentinischen Frührenaissance. Bis 1896 diente das Gebäude als Zeughaus, heute der Verwaltung des Kantons St.Gallen. Es beherbergt u. a. zwei wichtige Archive.

Ein bedeutendes Kulturinstitut ist das Staatsarchiv des Kantons St.Gallen, das hier untergebracht ist. Es hütet wichtige Dokumente, die seit 1803 entstanden und mit der Geschichte oder der Verwaltung des Kantons und seiner Gemeinden verbunden sind. Das Staatsarchiv ist das ständig wachsende Gedächtnis des Kantons St.Gallen.

Das Stiftsarchiv hingegen umfasst Dokumente der Abtei St.Gallen aus dem Zeitraum von zirka 720 bis 1805: rund 20 000 Originalurkunden, über 2 500 handgeschriebene Bücher und ungezählte Aktenstücke. Von unschätzbarem Wert sind die über 700 pergamentenen Schenkungsurkunden – viele Ortsnamen werden in ihnen erstmals erwähnt. Mit diesem nördlich der Alpen einzigartigen frühen Bestand vermögen nur ganz wenige andere Archive mitzuhalten, etwa das Staatsarchiv Mailand.

Im Stiftsarchiv St.Gallen
werden zahlreiche Urkunden
aufbewahrt. Urkunde von Kaiser
Friedrich II., 1231, mit Detailansicht des Goldsiegels.

# Schiedmauer

Im 16. Jahrhundert legten sich das (katholische) Kloster und die (reformierte) Stadt St.Gallen auf Grenzen innerhalb der Stadt fest. Dabei wurden das Kloster und das innerhalb der Stadtummauerung zu diesem gehörende Gebiet säuberlich aus dem übrigen Stadtgebiet ausgeschieden. Die Grenze und das von ihr eingefasste Kloster-Gelände wurden «Stiftseinfang» genannt. Es handelte sich um einen abgeschlossenen Rechtsbezirk mit staatlicher Bedeutung, der ungefähr dem heutigen Stiftsbezirk entspricht.

1566/67 wurde im gegenseitigen Einvernehmen von Stadt und Abtei zwischen den beiden die so genannte Schiedmauer erbaut. Mit ihr war die Hoheitsgrenze des Stiftseinfangs definitiv und dauerhaft festgelegt. Die Schiedmauer machte den Stiftsbezirk zur ummauerten klösterlichen Enklave inmitten des Territoriums der selbständigen Stadtrepublik St.Gallen.

Erst das 1569/70 erbaute Karlstor (vgl. dazu S. 38) durchbrach diese Situation.

In den Platz eingelassener, aufklappbarer metallener Eingang zum Pfalzkeller, 1998 von Architekt Santiago Calatrava.

Blick in den Pflazkeller, ebenfalls 1998 von Calatrava.

Der Planprospekt von Melchior Frank aus dem Jahre 1596 zeigt den Verlauf der Schiedmauer (rote Linie), die sich der heutigen Zeughausgasse und Gallusstrasse entlang erstreckte und auf der Ostseite des Gallusplatzes an die eigentliche Stadtmauer anschloss.

Überrest der 1566/67 erbauten Schiedmauer. Sie trennte einst das Kloster resp. den Stiftsbezirk St.Gallen von der Stadt.

# Karlstor

Dargestellt sind oben: gekreuzigter Jesus mit Maria und Johannes, Wappen von Papst Pius IV. Medici links, Reichswappen rechts.

Mitte: Wappen von Abt Otmar Kunz, flankiert von den Heiligen Gallus (mit Bär) und Otmar (mit Weinfass).

Unten: zwei Löwen und Porträt des Bildhauers.

Karlstor, einziges erhaltenes Stadttor von St.Gallen.

Notrufzentrale der Kantonspolizei St.Gallen (aussen und innen). Austernartig sich öffnende Architektur, 1999, von Architekt Santiago Calatrava.

Es ist das einzig erhaltene und reichste der einst acht St.Galler Stadttore. Bereits Abt Ulrich Rösch hatte im 15. Jahrhundert ein eigenes Tor verlangt, das ihm den Zutritt ins äbtische Umland ermöglichen sollte, ohne vorher eines der städtischen Tore passieren zu müssen.

Nach Absprachen mit der Stadt (vgl. dazu S. 10) wurde das Tor 1569/70 errichtet. Die Ausführung des Bauwerks leitete Werkmeister Caspar Graf gen. Lindenmann. Der Durchlass ist benannt nach Karl Borromäus, der anlässlich seiner Inspektionsreise durch das Schweizerland 1570 auch St.Gallen besuchte. Dabei hat er das Tor durchschritten, laut Legende als Erster überhaupt. Nach 1805 dienten die über dem Durchlass liegenden Etagen als Gefängnis, heute als Untersuchungsgefängnis des Kantons St.Gallen.

Von acht Rechteckfenstern eingerahmt, prangt an der Südwand des Torbaus ein monumentales Sandsteinrelief, das 1569/70 von Bildhauer Baltus von Salmansweiler geschaffen wurde (seit 1993 unter modernem Schutzdach). Das Relief ist ein wichtiges Werkbeispiel für den Stilübergang von der Spätgotik (Stabrahmung) zur Renaissance (Rollwerk des Fussstücks).

# Befestigungswerke

Einzig entlang der Moosbruggstrasse hat sich ein Abschnitt der mittelalterlichen Stadtbefestigung erhalten, bestehend aus den exemplarischen Gliedern Ringmauer, Turm und Stadttor (Karlstor; vgl. dazu S. 38). – Das Teilstück, von dem die etwa zehn Meter hohe Stadtmauer die längste Einheit bildet, misst rund 100 Meter.

Die heutige Gestalt des so genannten Runden Turms geht vermutlich auf das 16. Jahrhundert zurück. Im 17. Jahrhundert diente er als äbtisches Zeughaus, im 18. Jahrhundert zusätzlich als Kornhaus sowie als Gefängnis. Der Turm besteht aus einer halbrunden, innen unregelmässig geschlossenen Mauerschale mit halbem Kegeldach. Das aus grossen Blöcken bestehende Mauerwerk weist Gewehr- und Kanonenscharten auf und zum Inneren Klosterhof eine grosse Aufzugsöffnung unterhalb der Traufe. Teile des Dachstuhls stammen noch aus gotischer Zeit.

Ebenfalls an der Moosbruggstrasse lassen sich am tiefen Strassenniveau deutliche Hinweise auf die ehemaligen Stadtgräben ablesen. *JH*

Stadtgraben vor dem Karlstor. Oben Zeichnung, 1868 von Johann Jacob Rietmann, unten Foto anlässlich der Kanalisierung der Steinach. Deutlich ist in Rietmanns Zeichnung die Eintiefung des Stadtgrabens noch zu sehen.

Runder Turm, eindrücklicher Überrest der ehemaligen Stadtbefestigung.

# 2 | Gallusplatz

Am südöstlichen Ende des Gallusplatzes, vor dem Haus Auf dem Damm Nr. 17, lag seit dem Mittelalter der ‹Wettiweier›, der mit Wasser aus der nahen Steinach gespiesen wurde. Aus diesem Weiher floss das Wasser in die verschiedenen Kanäle in den städtischen Gassen. Die kolorierte Radierung von Johann Conrad Mayr aus Lindau zeigt die ‹Wetti›, wie sie sich Ende des 18. Jahrhunderts dargestellt hat. Der Weiher wurde 1883/84 überdeckt.

Am Gallusplatz nahm die städtische Siedlungsentwicklung ihren Anfang. Hier, unmittelbar vor den Klostermauern, liessen sich Handwerker und andere Leute nieder, die als erste St.Galler nicht zur klösterlichen Gemeinschaft gehörten. Ihre Siedlung, die bereits im 10. Jahrhundert belegt ist und aus der sich später die Stadt St.Gallen entwickeln sollte, dehnte sich im Verlaufe der Zeit allmählich in nördlicher Richtung aus.

Innerhalb der St.Galler Altstadt wirkt der Gallusplatz ungewöhnlich grosszügig. Er wird an seinem westlichen Ende durch eine Gebäudezeile begrenzt, die aus dem Haus zum Strauss (Webergasse Nr. 26), der Liegenschaft Gallusstrasse Nr. 30 sowie den Häusern zur Wahrheit (Gallusstrasse Nr. 32) und zur Jägerei (Gallusstrasse Nr. 34) besteht. Die teils massiv, teils in Fachwerk errichteten Häuser haben ihren ursprünglichen spätgotischen Charakter weitgehend erhalten. Spätere Aus- und Anbauten, beispielsweise die verhältnismässig schlichten Erker, stammen vorwiegend aus der Barockzeit.

Mitten auf dem Platz erinnert ein 1936 von Rudolf Seitter gestalteter Brunnen an den heiligen Gallus. Den Namen Gallusplatz trägt dieses Gebiet allerdings erst seit 1865, zuvor hiess es viel prosaischer «Loch» bzw. «im Loch oben».

Sein mittelalterliches Aussehen gut bewahrt hat das **Haus zur Linde** (Gallusstrasse Nr. 29). Der auf drei Seiten frei stehende, markante Bau ist mit dem Giebel und nicht, wie in der St.Galler Altstadt meist üblich, mit der Traufe zum Platz gewandt. Das gemauerte Erdgeschoss und die beiden ersten Obergeschosse in Ständerbauweise bildeten ursprünglich zwei getrennte Häuser, worauf die unterschiedlichen Stockwerkhöhen und die unregelmässige Fensteranordnung hinweisen. In der zweiten Hälfte des 16. Jahrhunderts wurden die beiden Gebäude zu einem Haus zusammengefasst und durch das in Fachwerk errichtete dritte Obergeschoss samt Giebel aufgestockt. *MM*

Auf ihren ausgebreiteten Armen scheint die männliche Figur den auf 1606 datierten Runderker am Haus zum grünen Hof zu tragen (Gallusstrasse 26).

Das Haus zur Linde (Gallusstrasse Nr. 29).

Vom ehemaligen ‹Wettiweier› führt die St.Georgen-Strasse einige Schritte in südöstlicher Richtung zum Nordende der Mülenenschlucht. Der Legende nach fingen Gallus und Hiltibod hier um 612 Fische, und ganz in der Nähe errichtete Gallus seine Einsiedelei.

Von hier aus lohnt sich ein kurzer Abstecher in die stimmungsvolle Mülenenschlucht. In ihr stürzt sich die Steinach über mehrere Wasserfälle rund 80 Meter unmittelbar zur St.Galler Altstadt hinunter. Die Schlucht hat ihren Namen von den Mühlen, die hier seit dem Mittelalter unter Ausnutzung der Wasserkraft betrieben wurden.

# 3 | Stadthaus

**D**as Stadthaus ist ein Beispiel eines stattlichen Wohn- und Geschäftshauses vermögender St.Galler Kaufleute. Es wurde etwa im Jahre 1590 vom Handelsmann Hans Schlumpf, einem der damals reichsten St.Galler Bürger, erbaut. Der eigenwillige Grundriss und einer der früheren Namen des Hauses – es wurde auch das ‹halbe Haus› genannt – könnten darauf hindeuten, dass ursprünglich noch ein Erweiterungsbau geplant war. Von 1784 bis in die 1860er-Jahre beherbergte das ‹halbe Haus› das st.gallische Postamt, weshalb es fortan ‹Posthaus› genannt wurde. Heute heisst es ‹Stadthaus› und ist Sitz der Ortsbürgergemeinde St.Gallen.

Die Fassadenornamente des Stadthauses wurden während des Eidgenössischen Schützenfests 1874 durch Blumenschmuck und Fahnen zusätzlich hervorgehoben.

Phantasievolle Relieffiguren zieren die Deckenübergänge (Aufnahme aus dem Inneren des Stadthauses).

Dass es sich beim Erbauer des Stadthauses sowie bei den späteren Besitzern um sehr vermögende Bürger handelte, ist auch an der reichen Ausstattung im Innern ablesbar.

Den Zwecken eines Handelshauses gemäss ist die Eingangshalle im Erdgeschoss beidseits von gewölbten Räumen, früheren Warenlagern, flankiert. Ein Prunkstück im Erdgeschoss ist das grosse bemalte **Wappenrelief** aus Sandstein, welches bis zum Abbruch 1865 am Markttor angebracht war.

Vom Reichtum der früheren Besitzer zeugt auch der Festsaal im dritten Obergeschoss. Seine auf das Jahr 1657 datierte Türe stellt die reichstverzierte Türarchitektur in St.Gallen dar. Ausserdem steht im Festsaal ein verzierter Ofen aus Winterthurer Produktion.

Der kaiserliche Doppeladler und die Krone darüber, getragen von den Spitalgründern Ulrich von Singenberg und Ulrich Blarer, versinnbildlichen die Stellung von St.Gallen als Reichsstadt. Als solche stand sie in einem besonderen Verhältnis zum obersten Herrscher und verband sich im 14. Jahrhundert zwecks politischer und wirtschaftlicher Stärkung mit über dreissig schwäbischen Städten.

Im Erdgeschoss des Stadthauses ist eine **Ausstellung** zur Geschichte der Stadt St.Gallen zu sehen. Die Darstellung des weil verzweigten Leinwandhandels, welcher der Stadt St.Gallen während Jahrhunderten zu Reichtum verholfen hat, und die Porträts der in der Tuchproduktion und im Vertrieb Tätigen schaffen einen anschaulichen Bezug zu diesem ehemaligen Handelshaus.      *DG*

Textilproduktion und -handel waren für St.Gallen die Grundfesten des Reichtums.

Stadtansicht gegen Süden mit Bleichen, 1675 gemalt von Jacob Christoph Stauder.

# Schmiedgasse: Haus zum Pelikan

**D**as Haus zum Pelikan an der Schmiedgasse 15 gehört zu den schönsten Altstadthäusern von St.Gallen.

Der prachtvolle Erker wurde wahrscheinlich zu Beginn des 18. Jahrhunderts vom damaligen Besitzer David Huber erbaut.

Der Name Pelikan ist seit 1733 belegt. Das Haus wechselte im 18. und 19. Jahrhundert oft den Besitzer und wurde mehrfach um- und ausgebaut, verputzt, repariert und renoviert. Der wunderschöne Prunkerker wurde 1994 mit dem Erkerpreis, einer st.gallischen Auszeichnung, geehrt.

Der Erker besitzt sechs Brüstungsfelder. Die beiden mittleren Frontbrüstungen enthalten prall gefüllte Fruchtbündel, Fruchtgewinde zieren die Seitenbrüstungen.

Die äusseren vier Brüstungsfelder stellen die vier Erdteile Europa, Asien, Afrika und Amerika dar; Australien fehlt.

**Europa** ist durch eine reich gekleidete, gekrönte Frau dargestellt, die ein Zepter in der rechten Hand hält und auf einem von zwei Pferden gezogenen Wagen thront.

**Afrika** ist durch einen spärlich bekleideten Mann repräsentiert, der in der linken Hand einen Sonnenschirm hält und sich mit der rechten auf einen Köcher mit Pfeilen stützt; sein Wagen wird von zwei Löwen gezogen.

Die Konsolen, verziert mit Greifvögeln und haschenden männlichen Halbfiguren, sind Duplikate von Figuren am Erker eines Hauses in Rorschach. Sie wurden bereits 1704 hergestellt.

In der ruhigeren Schmiedgasse finden sich zahlreiche kulinarische Angebote.

**Asien** ist mit einer üppig bekleideten Frau mit einem Turban dargestellt, die ein Rauchgefäss schwingt und von zwei Kamelen gezogen wird.

**Amerika** schliesslich ist dargestellt durch einen spärlich bekleideten Mann mit Federschmuck, der einen Papagei in der Hand hält und in einem Wagen, gezogen von zwei Hunden, einherfährt.

Die vier Erdteile repräsentieren die Menschheit. Der Pelikan, der den Erker bekrönt, steht in einem Nest, das der Dornenkrone Christi nachgebildet ist, und symbolisiert den Erlösertod Christi. Engelsdarstellungen (geflügelte Köpfe) weisen ebenfalls auf den religiösen Grundgedanken hin.

Im Erdgeschoss ist ein Café/Restaurant eingerichtet. *DG*

# 5

# Kirche St. Laurenzen

Der Turm der Kirche St. Laurenzen kann bestiegen werden. Von ihm aus bietet sich ein wunderbarer Blick über den Klosterbezirk und die Altstadt.

Bei der Gesamtrestaurierung wurde für die Gestaltung der Innenwände und Decken ein Aquarell von Johann Georg Müller beigezogen.

Die Chorfenster mit Glasmalereien wurden 1853 von Julius Gsell geschaffen.

**D**ie evangelisch-reformierte Stadtkirche St. Laurenzen liegt in unmittelbarer Nähe des Stiftsbezirks und weist noch heute auf die einstige Rivalität zwischen der protestantischen Stadt und dem katholischen Galluskloster hin. Gegründet im 9. Jahrhundert und vor 1170 mit Pfarrrechten ausgestattet, kam es ab 1413 zu einem Neubau unter der Leitung von Michel von Safoy (Salem). Zu Beginn des 19. Jahrhunderts erschien die Kirche jedoch als ein durch vielfältige An- und Umbauten entstelltes Gebilde. Im 1. Viertel des 19. Jahrhunderts setzte daher eine intensive Diskussion um eine Neugestaltung der Stadtkirche ein, die 1850–1854 nach Plänen von Johann Georg Müller, Ferdinand Stadler und Johann Christoph Kunkler ausgeführt wurde. Die beiden augenfälligsten Veränderungen waren die Rückversetzung der

Westfassade, die vollständig neu aufgebaut wurde, sowie die markante Erhöhung des Turms. Mit der Kirche St. Laurenzen in der neugotischen Gestalt erhielt die damals noch starkmehrheitlich reformierte Stadt einen Bau von denkmalartiger Grösse. Neu-St. Laurenzen setzt noch heute als Gegengewicht zur benachbarten Kathedrale (ehemalige Klosterkirche) einen kräftigen städtebaulichen Akzent. 1963–1979 fand eine Gesamtrestaurierung statt. Im Innern präsentiert sich St.Laurenzen als dreischiffige Basilika mit gotischen Pfeilerarkaden und rechteckigem Chor. Das Mittelschiff wird von einer flachen Holzdecke überspannt, die Seitenemporen weisen Arkaden und Masswerkbrüstungen auf. Beeindruckend ist die neugotische Chorempore. Die Chorfenster mit Glasmalereien wurden 1853 von Julius Gsell geschaffen. Aus der gleichen Zeit stammt auch der Taufstein von Karl Ulrich Rheiner. *DS*

An der Westfassade befinden sich vier Evangelistenfiguren von Johann Jakob Oechslin, die anlässlich der letzten Restaurierung von August Rausch kopiert wurden. Die Originale sind in der Vorhalle aufgestellt.

In unmittelbarer Umgebung findet sich eine Anzahl ‹Erststockbeizen›, die den Ruf geniessen, beste bürgerliche Küche zu bieten.

# Spätgotische Spisergasse

Bis ins 19. Jahrhundert hinein stellte die Spisergasse eine bevorzugte Wohngegend dar. Die stürmische wirtschaftliche und bauliche Entwicklung nach der Mitte des 19. Jahrhunderts erfasste diesen Teil der Altstadt weniger als die weiter westlich, in Bahnhofsnähe gelegenen Gebiete. Diesem Umstand verdanken wir das gut erhaltene spätgotische Gassenbild.

Zusammen mit der westlich anschliessenden Multergasse bildete die Spisergasse bis ins frühe 19. Jahrhundert die wichtigste Verkehrsachse der Stadt. Von ihrem östlichen Ende aus, wo bis 1879 das Spisertor stand, führten die Wege nach Rorschach und ins Appenzellerland.

Nirgends in der St.Galler Altstadt blieb der spätgotische Charakter des Gassenbildes besser erhalten als in der Spisergasse. Die oft schmalen Gebäude stehen traufständig zur Strasse, das heisst, sie wenden dieser die Dachtraufe und nicht etwa den Hauptgiebel zu. Die von Haus zu Haus unterschiedliche Höhe der Dachtraufen, die immer wieder durch Quergiebel unterbrochen werden, trägt wesentlich zum abwechslungsreichen, lebhaften Gassenbild bei. Diesen Eindruck unterstützen die zahlreichen, meist nachträglich angebauten Erker, beispielsweise an den Häusern zum Sternen (Spisergasse Nr. 19), zum Bären (Nr. 13) oder zur Gerechtigkeit (Nr. 3). Die Spisergasse ist die erkerreichste Gasse der Stadt.

Das Haus zum Blauen Himmel (Spisergasse Nr. 30) stellt ein gutes Beispiel für ein spätgotisches bürgerliches Stadthaus dar. Vom Erdgeschoss abgesehen ist die Fassade mit der typischen unregelmässigen Anordnung der Fenster und dem hohen Aufzugsgiebel weitgehend intakt geblieben. Jüngeren Datums ist der Erker aus dem Jahre 1717. Die zur Gasse gewandte Fassade des ‹Blauen Himmels› weist verschiedene Gemeinsamkeiten mit jener des Hauses zum Grossen Hector (Spisergasse Nr. 24) auf.

Der ‹Kamelerker› in seiner ursprünglichen, auf das Jahr 1720 zurückgehenden Form.

Der reich geschnitzte, heute nicht mehr vollständige ‹Kamelerker› befand sich ursprünglich an der Marktgasse und wurde erst 1986 an das Gebäude Spisergasse Nr. 22 angefügt. Die Aufnahme von 1919 zeigt die geschnitzten Kamele. Sie sind heute am Erker nicht mehr angebracht, sondern befinden sich im Historischen und Völkerkundemuseum.

Das **Schlössli** (Spisergasse Nr. 42) ist das herrschaftlichste Privathaus in der Altstadt. Erbaut zwischen 1586 und 1590 für Laurenz Zollikofer, einen Enkel Vadians, lehnt es sich in seiner Architektur an das Schloss Altenklingen im Kanton Thurgau an, das bis heute im Besitz der Familie Zollikofer ist. Den repräsentativen, burgartigen Charakter betonen die über dem Erdgeschoss ansetzenden schlanken, runden Turmerker; ein solcher findet sich auch am etwa gleichzeitig erbauten Haus zum Langen Erker (Ecke Spisergasse/Kugelgasse). *MM*

Malereien im Treppenhaus und in den Gaststuben des heute als Restaurant genutzten Schlössli.

Eine Besonderheit der St.Galler Altstadt bilden die Erker. Viele von ihnen stammen aus der Zeit um 1700. Sie sind teils einfach, teils kunstvoll verziert sowie je nach dem Geschmack der jeweiligen Zeit einfarbig oder bunt. Ein zweistöckiger, reich geschnitzter Erker aus Eichenholz findet sich am **Haus zum Schwanen** (Kugelgasse Nr. 10). Aus dem Hausnamen wurden die Motive für die Schnitzereien abgeleitet. Neben Schwänen sind allerlei Wasserwesen in Verbindung mit allegorischen oder der antiken Mythologie entnommenen Figuren dargestellt.

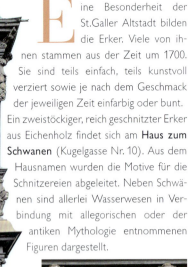

Zur Symbolik des Schwanen-Erkers gehört der griechische Meeresgott Poseidon mit zweispännigem Wagen und dem Dreizack in der Hand. Die Holzschnitzer, denen wir derartige Darstellungen an den Erkern verdanken, sind namentlich meistens nicht bekannt.

Am nordwestlichen Ende der Kugelgasse steht ein Fassadenteil des 1228 gegründeten städtischen Heiliggeist-Spitals. Dieses war ein verwinkelter Gebäudekomplex im Geviert Kugel-, Spital-, Marktgasse und diente bis 1845 als Altersheim, Waisen- und Krankenanstalt.

Nach dem **Haus zur Kugel** (Kugelgasse Nr. 8) wurde die ganze Gasse benannt. Auf seinem Erker bildet eine Weltkugel das Hauptmotiv, die (wie der ganze Erker) vom griechischen Helden Herakles und zwei Sklaven getragen wird. Der Schwanen- und der Kugel-Erker, die beide aus der Zeit kurz nach 1690 stammen, sind üppig mit Engelsköpfen, Fratzen und Fruchtgehängen geschmückt.

Durch den Anbau von Erkern liessen sich die dahinter liegenden Wohnräume geringfügig vergrössern. Zudem ermöglichen diese vorspringenden Gebäudeteile einen guten Blick auf die Gasse hinunter. Vor allem aber waren die Erker Statussymbole wohlhabender Bürger, die ihren Reichtum in der reformierten Stadt (im Vergleich zur barocken Prachtentfaltung des Klosters) nur beschränkt zur Schau stellen durften. Marx Friedrich Högger, der zur Zeit der Erkerbaus das Haus zum Schwanen besass, war als Bankier ein wichtiger Financier des französischen Königs Ludwig XIV.

*MM*

Der Erdball auf dem Kugel-Erker
wird von zwei Reliefschnitzereien
eingerahmt. Die männliche Person
links wird als Pilger, die andere als
antik gekleideter Herrscher gedeutet.

| # Waaghaus & Platz am Bohl

Mit dem Wiederaufbau nach dem Brand von 1418 fand eine grosse Erweiterung des mittel-alterlichen Stadtgefüges statt: der Einbezug der St.Mangen-Vorstadt in den von der Wehrmauer geschützten Siedlungsraum. Dadurch entstanden der Marktplatz und der Platz am Bohl. Unten auf dem Plan sind das Waaghaus und das Brühltor zu erkennen.

**D**as 1584 erbaute Waaghaus auf dem Bohl, ganz in der Nähe des Marktplatzes gelegen, ist der einzige erhaltene öffentliche Bau aus dem späten Mittelalter. Das mächtige Gebäude diente sowohl als Waag- wie auch als Lagerhaus für Waren, die über den Bodensee und auf anderem Wege in die Stadt kamen, gewogen und verzollt werden mussten. Dafür war die Lage sehr günstig; denn neben dem Waaghaus befand sich eines der Stadttore, nämlich das so genannte Brühltor (1835/36 abgebrochen).

In dieser Gegend standen früher mehrere markante Gebäude: das Rathaus, das Kornhaus, das Zeughaus und die Metzg (Schlachthaus). Diese öffentlichen Bauten umrahmten einen Platz, der nach dem letzten grossen Stadtbrand von 1418 entstanden war.

Der Platz vor dem Waaghaus liegt noch heute sehr zentral. Busse des öffentlichen Verkehrs und die Bahnlinie St.Gallen-Trogen passieren diesen Ort. Die von Architekt Santiago Calatrava konzipierte Wartehalle stammt aus dem Jahr 1996.

Nachtleben auf dem Platz am Bohl.

Beim Wiederaufbau nach jener Katastrophe wurde die St.Mangen-Vorstadt in den von der Ringmauer geschützten Siedlungsraum einbezogen. Aus gleichem Anlass überdeckte man den Irabach, der zwischen der Altstadt und der St.Mangen-Vorstadt durchfloss. So entstand ein grosser Platz, der dem Handel mit Korn, Vieh und anderen Gütern diente.

Im 19. Jahrhundert veränderte sich die Situation grundlegend. Mehrere öffentliche Gebäude (so 1877 das Rathaus), die Stadttore und Stadtmauern wurden abgebrochen. Das Waaghaus diente als Polizeiposten und Postfiliale, wurde 1958 nur ganz knapp vor dem Abbruch gerettet und bis 1963 restauriert. Heute ist es Versammlungsort des Stadtparlaments.

Ein Charakteristikum des Waaghauses ist der markante Treppengiebel. In der im Erdgeschoss bestehen gebliebenen Halle, die sich mittels Rundbogen auf drei Seiten hin öffnet, wurde einst die ankommende Handelsware gewogen. Zur Lagerung bestimmte Güter konnten über die Aufzugsöffnung (heute Fenster unter der Uhr) in den Stauraum verfrachtet werden; dieser befand sich vor allem unter dem Dach des Waaghauses. *SO*

Das ursprüngliche Waaghaus hatte keine besonderen baulichen Zierden. Erst als das Rathaus am Marktplatz abgebrochen wurde, erbte das Waaghaus dessen Türmchen (abgebildet) und Uhr.

# 9 | St.Katharinen-Kloster

Im Jahre 1228 als Frauengemeinschaft gegründet, stand das Kloster ab 1368 unter der Regel des hl. Dominikus. Beim Stadtbrand von 1418 wurde es teilweise zerstört, weshalb ausser der Kirche die noch vorhandenen Gebäulichkeiten auf die Zeit nach 1500 zurückgehen, wie z.B. der gotische Kreuzgang, der 1504–1507 unter der Leitung von Heinrich Schradi neu erbaut wurde. 1528 wurde das Kloster im Zuge der Reformation aufgehoben, und die dem katholischen Glauben treu gebliebenen Nonnen siedelten 1607 nach Wil über. Fortan diente der 1614/15 umgebaute Südflügel als städtische Knabenschule und beherbergte zudem die von Vadian angelegte Bibliothek, welche sich zuvor in einem Anbau der St.Mangen-Kirche befunden hatte. 1976–1978 wurde das ehemalige Kloster unter Leitung von Architekt Hans Morant vollständig restauriert. Diverse Räume werden heute für öffentliche Zwecke verwendet, wie z.B. der Ausstellungsraum im südlichen Erdgeschoss sowie der Festsaal im Obergeschoss. Daselbst befindet sich auch die **Freihandbibliothek**.

Der gotische Kreuzgang des St.Katharinen-Klosters.

Der Ausstellungsraum im Erdgeschoss wird für künstlerische
Gruppen- und Einzelausstel-
lungen genutzt.

Der Innenhof des ehemaligen
Klosters.

Nach der Aufhebung des Klosters wurde die Kirche 1594
dem evangelischen Gottesdienst überlassen. 1685 baute
Johann Spengler die Kirche um. Aus dieser Zeit
stammen wohl die viereckigen Fenster, während
die flache Gipsdecke erst 1784 eingezogen wurde. Beachtenswert sind die schmalen Felder des
quadratischen Gewölbes im Kreuzgang, welche
die Asymmetrie der Anlage ausgleichen. Im
Westarm finden sich zwei zugemauerte Fenster, die einst zum Kapitelsaal gehörten. Am oberen Podest
des Treppenturms von
1614 (in der Südwest-
ecke des Kreuzgangs)
ist eine Platte mit der
Baumeisterinschrift von
Lorenz Kunkler und Hein-
rich Steheli angebracht.
Die Orgel wurde um 1805 von
Johann Baptist Lang (Überlingen) gebaut. *NB*

Abendmahlsschale und -kelch
der Eglise française de Saint-Gall.
Die St.Katharinen-Kirche diente
von 1685 bis 1979 als Gottes-
dienstraum für die reformierte
französische Kirche. Diese war
von der städtischen Kaufmann-
schaft zur seelsorgerischen
Betreuung der aus Frankreich
geflohenen Hugenotten gegründet worden und existiert bis
heute.

Der weitab der benediktinischen Klostersiedlung errichtete Sakralbau St.Magnus (St.Mangen) war neben der Abtei eine weitere Pilgerstätte.

Vorgänger der Kirche St.Mangen war ein 898 vom St.Galler Abt und Konstanzer Bischof Salomon III. (859–920) gegründetes Chorherrenstift. Die heutige Kirche mit ihrem kreuzförmigen Grundriss stammt aus der Zeit um 1100. 1418 wurde sie beim Stadtbrand beschädigt. Der Turmbau erfolgte zwischen 1505 und 1508, 1568 kam das Glockengeschoss durch Wolfgang Vögeli hinzu, und seit 1731 trägt der Turm seinen heutigen Pyramidenhelm. In der Nordwand des Altarhauses ist ein Guckloch eingelassen, das zu einer einst hier angrenzenden Klause gehörte; ein zweites solches Fenster befindet sich im südlichen Querschiff.

Den Platz vor der Kirche schmückt der 1926 von Josef Büsser geschaffene Wiboradabrunnen, der an die **hl. Wiborada** erinnert. 916 liess sie sich in einer an die Kirche angebauten Zelle einmauern, wo sie den Rest ihres Lebens in Askese (streng enthaltsame Lebensweise) zubrachte. Nach einer Vision warnte sie 925 das Kloster vor einem drohenden Einfall ungarischer Reiterhorden.

Der Platz vor der Kirche wird von zahlreichen Fachwerkhäusern gesäumt. Er gehört zu den verträumten Orten in der Innenstadt und ist in der Bevölkerung sehr beliebt.

Statt sich wie die Mönche in Sicherheit zu bringen, blieb Wiborada ihrem Gelübde treu in ihrer Klause, wo sie den Märtyrertod erlitt. 1037 wurde sie als erste Frau seit den frühchristlichen Blutzeuginnen von Papst Clemens II. heiliggesprochen. *NB*

Die vom Marktplatz ausgehende Metzgergasse führt in gerader Linie zum Unteren Graben hinauf, wo bis 1809 das so genannte Metzgertörli stand. Ein markantes Gebäude ist das **Goldene Schäfli** (Nr. 5), das 1971 abgebrochen werden sollte. Der energische, von einer breiten Bevölkerung unterstützte Widerstand gegen den Verlust an Altbauten führte 1978 zum Schutz dieses einmaligen Gasthauses. Es handelt sich um das ehemalige Zunfthaus der Metzger, das einzige erhaltene Zunfthaus der Stadt. Erbaut nach 1484, wurde es 1629 vom zweiten Stock an neu aufgeführt. In der Wirtsstube im ersten Stock befindet sich eine spätgotische Balkendecke mit Scheiben- und Herzblattdekor. Bemerkenswert ist vor allem die schiefe Lage der Gaststube. Sie steht stellvertretend für viele abgesunkene Bauten der Stadt, welche grösstenteils auf sumpfigem Gelände gebaut ist.

*DS*

Eines der berühmtesten Erststockbeizli steht an der Metzgergasse 5. Das nach 1484 erbaute «Zum goldenen Schäfli» ist das letzte noch erhaltene Zunfthaus der Stadt.

Jeden letzten Samstag in den Sommermonaten findet ein bunter Flohmarkt im St. Mangen-Quartier statt.

An der Ostfassade des Musikgeschäfts Hug (zur Spitalgasse) findet sich eine reich verzierte Fensterfront mit Jugendstil-Ornamenten.

Im Herzen der Altstadt befindet sich die Marktgasse, die vom Marktplatz in südlicher Richtung bis zum Klosterhof führt. Am Nordende ist die Marktgasse fast schon ein eigener Platz, in südlicher Richtung (gegen den Klosterhof) verengt sie sich trichterförmig zur schmalen Gasse.

Die heutige Marktgasse bildete über Jahrhunderte das wirtschaftliche Zentrum der Stadt. Zwar war der Warenhandel in früheren Jahrhunderten nicht ausschliesslich an den städtischen Markt gebunden, doch spielte er eine weit wichtigere Rolle als heute. Seit wann ein regelmässiger Warenmarkt in der Stadt durchgeführt wurde, ist nicht bekannt. Die Gründungsurkunde des Heiliggeist-Spitals (heute Marktgasse Nr. 3–9 und Spitalgasse Nr. 12) von 1228 verrät jedoch die Lage des Marktplatzes; der Standort des Spitals wird nämlich mit «iuxta forum», also «beim Markt» gelegen, genauer lokalisiert.

Die zentrale Lage und die trichterförmige Gestalt der Marktgasse verleihen ihr einen besonderen Stellenwert im Stadtbild. Vor allem die östliche Häuserfront wurde nach dem Abbruch des Spitalkomplexes sehr regelmässig gestaltet. Die Häuser besitzen einheitliche Fensterachsen und gemeinsame Trauflinien, sind in ihren Details jedoch individuell. Der Verlauf der Bauzeile wird gegen die Spiser-

Die unteren Stuckaturen des Hauses zur Kleinen Engelburg zeigen eine von zwei Putten gehaltene Hermes-Figur.

gasse hin unregelmässiger, die Dächer sind steiler, die Fensterreihen und Trauflinien gegeneinander abgesetzt. Hier machen auch die reichen Holzerker auf die älteren Baukerne aufmerksam.

Auf der gegenüberliegenden Seite befindet sich das Haus zur **Kleinen Engelburg**, ein schmales Gebäude von drei Fensterachsen. Es besitzt als einziges Haus in St.Gallen eine Fassade mit Stuckverzierungen. Die Zierformen sind stilverwandt mit den Stuckaturen in der Kathedrale. Die Mittelfenster sind durch reich ausgebildete Kartuschen ausgezeichnet, jene über der Balkontüre des ersten Stockwerks trägt die von zwei Putten gehaltene Figur eines Hermes. Über dem Mittelfenster des zweiten Stockwerks erscheint Fortuna.  **DG**

**D**ie ehemalige Gerbergasse geht von der unteren Marktgasse aus und führt der alten Stadtmauer entlang bis zur Multergasse hinauf. 1877 erfolgte ein Durchbruch zum Oberen Graben hin. Im gleichen Jahr wurde in der Nähe das alte Rathaus abgebrochen. Das 1916–1921 erstellte **Amtshaus** (Nrn. 1–5) ist ein einheitlich durchgestalteter Gebäudekomplex mit Stilmerkmalen des Neubarock und Neuklassizismus. Auf der gegenüberliegenden Seite befindet sich die **Bank CA**,

Die Bank CA ist ein typischer Zeuge des Neuen Bauens.

Vadian, Reformator und Gelehrter, hat die Stadtgeschichte massgeblich beeinflusst.

ein Monumentalbau aus dem Jahr 1935 mit ostseitiger Pfeilervorhalle, sowie das Restaurant Marktplatz, erbaut 1933/34. Beide Gebäude zeigen deutliche Einflüsse des so genannten Neuen Bauens, einer Stilrichtung der Zwischenkriegszeit, die sich durch Sachlichkeit und schnörkellose Funktionalität auszeichnet.

An der Stelle des 1877 abgebrochenen Rathauses steht seit 1904 ein monumentales Standbild von **Joachim von Watt** (1484–1551), genannt **Vadian**. Der St.Galler Reformator, Bürgermeister, Arzt und Geschichtsschreiber ist die einzige Person, die in St.Gallen mit einem überlebensgrossen Denkmal geehrt wird, welches der Bildhauer Richard Kissling geschaffen hat. Die Anlage des Denkmals ist von starker Symbolik: Der Blick des Reformators folgt der Achse von der Marktgasse an der reformierten Stadtkirche St.Laurenzen vorbei exakt bis zu den Türmen der ehemaligen Klosterkirche.

Das wichtigste Gebäude der Neugasse ist das langgezogene Haus **zur Treue** (Nrn. 43–49), ein typischer Jugend-
stilbau, erstellt 1907–1909 von und für den Baumeister
Cyrin Anton Buzzi. Dieser mit Pfeilern stark vertikal
strukturierte Bau ist leider im Erdgeschoss unvorteilhaft
verändert worden. Beachtenswert ist aber der Dachbe-
reich. An das Haus zur Treue schliesst weiter oben das
1904 erstellte Geschäftshaus **zur Waage** (Nr. 55) an. **DS**

Ein Blick nach oben, der sich
lohnt. Die Jugendstilfassade im
oberen Hausabschnitt wird oft
übersehen.

Der Stadtrundgang führt links am
Brunnen vorbei zur Hinterlauben
(siehe S. 58/59).

Ehemaliger Durchgang zur Hinterlauben durch die Brotlaube bzw. Leinwandschau.

**D**ie Häuser zum **Goldenen Apfel** und zum **Tiefen Keller** bilden den Kern einer ganz besonderen Häuserreihe im Quartier Hinterlauben. Der Name Hinterlauben rührt daher, dass die Gasse lange abgeschlossen hinter der Brotlaube lag. In der 1874 abgerissenen Brotlaube am östlichen Eingang zur Multergasse wurden in der offenen Halle des Erdgeschosses der Brotmarkt und später die **Leinwandschau** abgehalten. Die Hinterlauben wurde lange auch ‹Judengässchen› genannt. Seit dem 13. Jahrhundert lebten dort Juden, die 1349 – aufgrund der Beschuldigung, sie hätten die Pest ausgelöst – einem Pogrom zum Opfer fielen. Ein halbes Jahrhundert später wurde die Hinterlauben wegen ihrer Abgeschlossenheit und zentralen Lage ein nobles Stadtviertel, in dem vermögende Bürgerfamilien lebten.

Das 1775 renovierte Haus zum Goldenen Apfel war schon im 15. Jahrhundert im Besitz der bedeutenden Kaufmannsfamilie von Watt, das Nebenhaus zum Tiefen Keller erwarb sie im Jahre 1518. Der berühmteste Bewohner beider Häuser war der St.Galler Bürgermeister und Reformator Joachim von Watt, genannt Vadian.

Das Sandsteinportal des Hauses zum Goldenen Apfel deutet die reiche Ausschmückung auch der Innenräume an.

Die Häuser von wohlhabenden Kaufleuten waren meist zugleich Wohnhaus und Geschäftssitz. Das Erdgeschoss diente als Magazin und Warenumschlagplatz, während die oberen Stockwerke Wohnraum boten und repräsentativen Zwecken dienten. Beim Haus zum Tiefen Keller ist anzunehmen, dass auch die Obergeschosse des Ostteils als Lagerräume dienten, denn es ist deutlich eine vertikale Zweiteilung des Hauses zu erkennen. Der westliche Gebäudeteil verfügt über einen zweigeschossigen Steinerker und über mehrteilige Zeilenfenster, während die Fassade des Ostteils schlichter ausgestattet ist. Auch die Brüstungsfelder des Erkers sind verschieden: unten ein feines, gotisches Fischblasenmotiv mit der auf die Hauptbauzeit verweisenden Jahrzahl 1608, darüber findet sich in zwei Feldern flaches Beschlagwerk, ein typisches Renaissancemotiv. Das Haus zum Goldenen Apfel ist dagegen viel einheitlicher

und wohlproportionierter gehalten. Erbaut wurde es im Anschluss an die Neugestaltung der Pfalz (Stiftsbezirk) in den Jahren 1767 bis 1769. Es ist anzunehmen, dass sowohl bei der Aussen- als auch bei der reichhaltigen, mit Malereien und Stuckaturen geschmückten Innenarchitektur teilweise dieselben Fachleute am Werk waren, die auch die Neue Pfalz erstellten.

Die innere Organisation des Geschäfts- und Wohnhauses zum Tiefen Keller ist an der Fassade ablesbar: Der östliche Hausteil mit Aufzuggiebel diente Lagerungszwecken, der westliche Teil mit dem doppelstöckigen Erker war der Wohntrakt.

*DG*

Der Erker am Haus zum Goldenen Apfel.

D ie Multergasse ist ein wichtiger Zeuge der wirtschaftlichen Blüte der Stadt St.Gallen um und nach 1900. Sie ist nicht nur die längste geradlinige Gasse innerhalb der Altstadt, sondern auch die eigentliche Jugendstilgasse von St.Gallen.

Als Kopfbau an der wichtigen Schnittstelle zwischen der Altstadt und dem Handels- und Bahnhofquartier steht seit 1891 der Palazzo der **Unionbank** (ehemals Stickereibörse, heute UBS am Multertor, Abbildung Seite 67) und in dessen Nachbarschaft das **Rösslitor** (Globus, Nr. 47). Erstellt wurde der markante Bau 1913/14 von den Architekten Höllmüller & Hänny für die Museumsgesellschaft St.Gallen. Im Dachreiter befindet sich noch heute das Glöcklein des 1839 abgebrochenen Multertors. Beachtenswert ist die Bauplastik von Karl Hänny.

Auf der Westseite befindet sich der 1941 aufgestellte Globusbrunnen des St.Galler Bildhauers Wilhelm Meier. An der Schnittstelle von Multergasse und Neugasse steht das Geschäftshaus **zur Waage** (Neugasse Nr. 55), erbaut 1903/04 von dem aus Nordböhmen stammenden Architekten Wendelin Heene für den Konsum-Verein.

Der Globusbrunnen.

Zu beachten sind über den Fenstern des zweiten Obergeschosses die fünf männlichen Köpfe vor floralem Flechtband mit aufgesetzten Tieren. Sie stammen vom holländischen Bildhauer Henri Gisbert Geene und stellen die fünf Erdteile dar. Gegen die Multergasse (von links nach rechts): Afrika, Asien, Amerika, Australien. Europa, charakterisiert durch einen Südländer, befindet sich auf der Seite gegen die Neugasse.

Durch ein Flechtband verbundene Relieffiguren (Australien) von Bildhauer Henri Gisbert Geene.

Das Geschäftshaus zur Waage, eine markante Ecküberbauung mit barockisierendem Erkerturm.

Kunsthistorisch wichtige Häuser sind auch die Nrn. 8 und 14. Nr. 8 wurde 1899/1900 von Wendelin Heene für den Textilkaufmann Johann Heinrich Bersinger als Quincaillerie- und Mercerie-Geschäft erstellt. Die ursprüngliche Eisenkonstruktion mit Fensterätzungen in Art Nouveau-Ornamentik wurde in den 1940er-Jahren komplett verändert, 2001 teilweise rekonstruiert. Das ehemalige Geschäftshaus der Teppich Schuster & Co. (Nr. 14) wurde 1907/08 ebenfalls von Wendelin Heene erbaut. Glücklicherweise hat sich hier die Rückseite gegen Hinterlauben noch in originalem Zustand erhalten. Beachtenswert ist auch der 1897 aufgestellte Bacchusbrunnen schräg gegenüber den Nummern 8 und 14. Der Entwurf stammt von August Bösch. Die Ausführung in Galvanotechnik erfolgte wie beim Broderbrunnen durch die Württembergischen Metallwarenfabrik (WMF) in Geislingen. In den letzten Jahren zweimal massiv beschädigt, präsentiert sich der Bacchusbrunnen heute in restauriertem Zustand.        *DS*

Diese an Brüsseler Bauten von Victor Horta erinnernde Eisen-Glas-Fassade hat sich auf der Rückseite gegen die Hinterlauben noch erhalten.

# Broderbrunnen

Der vom Toggenburger Bildhauer August Bösch geschaffene und 1896 auf dem Lindenplatz aufgestellte Brunnen erinnert an die erstmalige Versorgung der Stadt mit Bodenseewasser. Thematisch verwandt mit Arnold Böcklins Meeresidyllen, steht im Zentrum des Brunnens eine Nymphengruppe, welche die Segen spendenden Kräfte des Wassers symbolisiert. Umgeben wird sie von drei auf Wassertieren (Delphin, Schildkröte und Gans) reitenden Kindern.

Der Überlieferung nach liess Bösch zur Gestaltung der Nymphe ein Aktmodell aus Zürich kommen, was eine allgemeine Entrüstung und eine polizeiliche

Historische Aufnahme des Broderbrunnens.

An der Rückseite findet sich unterhalb der Nymphe ein bärtiger, einem Wassermann ähnlicher Kopf mit in die Stirn fallenden Haaren und hervortretenden Augen. Diese Züge erinnern an den Kopf des damaligen Stadtbaumeisters Albert Pfeiffer, dessen Einmischung in den Entstehungsprozess des Werkes den Bildhauer Bösch erzürnte.

Anordnung zur Rückreise der Dame nach sich zog. Erst als sich Bösch weigerte, am Brunnen weiterzuarbeiten, gestand man dem Bildhauer künstlerische Freiheit zu und liess ihn gewähren.

Zeit und Witterung haben den ursprünglichen Figuren (bestehend aus Galvanobronze über Gipskern) arg zugesetzt, weshalb 1998–2000 ein Bronzeabguss hergestellt wurde. Das restaurierte Original befindet sich heute im Innenhof des Historischen und Völkerkundemuseums.

Der vom st.gallisch-appenzellischen Künstler Roman Signer 1987 geschaffene Wasserturm im Grabenpärkli lieferte den St.Gallern während Monaten Gesprächsstoff.

Östlich des Broderbrunnens befindet sich die UBS am Multertor, erbaut 1889–1891 als **Unionbank** mit **Stickereibörse**. Man beachte speziell die Dachzone, die mit Allegorien (Gleichnisbildern) und einer Merkurplastik gekrönt ist. Während Merkur den Schutzpatron der Kaufleute und des Handels darstellt, versinnbildlichen die beiden Allegorien den (Textil)Handel mit den Vereinigten Staaten von Amerika. Die Figur spielt auf die New Yorker Freiheitsstatue an (siebenstrahlige Krone).

*NB*

Bauplastik in Kupfertreibtechnik nach einem Entwurf von Prof. Kramer in München, 1891.

Das vom Volksmund einst ‹Palazzo rosso› genannte Textilmuseum befindet sich an der Vadianstrasse.

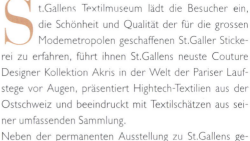

S t.Gallens Textilmuseum lädt die Besucher ein, die Schönheit und Qualität der für die grossen Modemetropolen geschaffenen St.Galler Stickerei zu erfahren, führt ihnen St.Gallens neuste Couture Designer Kollektion Akris in der Welt der Pariser Laufstege vor Augen, präsentiert Hightech-Textilien aus der Ostschweiz und beeindruckt mit Textilschätzen aus seiner umfassenden Sammlung.

Neben der permanenten Ausstellung zu St.Gallens gegenwärtigem und vergangenem Textilschaffen stellt die Schweizerische Textilindustrie ihre neusten Kollektionen in einer halbjährlich wechselnden Schau vor. Gleichzeitig greifen attraktive Wechselausstellungen textilbezogene Themen auf, und in Sonderausstellungen zeigen zeitgenössische Textilkünstlerinnen und -künstler ihre Werke.

In den Jahren 1884–1886 liess das Kaufmännische Directorium (die Handelskammer der Kantone St.Gallen und beider Appenzell) das damalige Industrie- und Gewerbemuseum zur Förderung der expandierenden Stickereiindustrie erbauen. Nach einem Projekt von Architekt Gustav Gull (1858–1942) errichtete der Architekt und damalige Museumsdirektor Emil Wild (1856–1923) das durch Rundbogenöffnungen gegliederte Gebäude. In seinen hellen Räumen sind nach wie vor Zeichnungsschule, Bibliothek und textilgewerbliche Sammlung vereint.

Das Textilmuseum beherbergt Textilien vom 4. bis 21. Jahrhundert. Trägerin von Museum und Bibliothek ist heute die Stiftung der Industrie- und Handelskammer St.Gallen-Appenzell. Die sich im selben Gebäude befindende Zeichnungsschule gehört der Schweizerischen Textilfachschule an.

Der Museumsbestand wuchs durch wertvolle Schenkungen und Ankäufe kontinuierlich. Die **international anerkannte Sammlung** setzt sich zusammen aus Geweben ägyptischer Grabfunde, aus historischen Stickereien seit dem 14. Jahrhundert, aus handgearbeiteten Exponaten bedeutender europäischer Spitzen-

Auf höchstem Niveau arbeiten St.Galler Stickereifirmen zusammen mit Akris, dem einzigen Schweizer Label mit Mitgliedschaft bei der Chambre Syndicale du Prêt-à-Porter des Couturiers et des Créateurs de Mode.

zentren, aus völkerkundlich interessanten Textilien, aus historischen Geweben und Kostümen, aus Ostschweizer Hand- und Maschinenstickereien sowie aus Handarbeitsutensilien.

Die **Textilbibliothek** ist als Freihand- und Präsenzbibliothek öffentlich zugänglich. Die Fachliteratur zum Thema Textilien ist ausleihbar. In die Spezialsammlungen kann vor Ort Einsicht genommen werden. Diese Sammlungen umfassen japanische Papierschnittschablonen, Modefotografien, Modezeichnungen, Briefmarken mit textilen Motiven und zahlreiche Textilentwürfe. In besonders grosser Zahl sind Musterbücher vorhanden, etwa aus der Maschinenstickerei, der Weberei und dem Textildruck.

Ballkleid der Kaiserin Eugénie (1826–1920), Nadelspitze, Alençon um 1860, Sammlung Jacoby. Die bedeutendsten Sammlungen sind diejenigen der Textilindustriellen und leidenschaftlichen Sammler Léopold Iklé (1828–1922) und John Jacoby (1869–1954).

*UK*

Die öffentlich zugängliche Textilbibliothek bietet dem interessierten Publikum Medien zu allen textilen Fachbereichen wie auch zu Kunst und Gestaltung.

Handstickmaschine aus dem Jahr 1890. Mit der linken Hand führt der Sticker den Pantographen über die sechsfach vergrösserte Stickereizeichnung und bewegt so den riesigen Stickboden in der Stickmaschine.

Vadianstrasse 2
9000 St.Gallen
Tel. +41 (0)71 222 17 44,
www.textilmuseum.ch
**Öffnungszeiten**
Täglich von 10.00–17.00 Uhr.

# 17 | Oceanic

Das 1904/05 erstellte Stickereigeschäftshaus Oceanic bildete den Auftakt zur Grossüberbauung der St.Leonhard-Strasse. Architekten waren die Zürcher Pfleghard & Haefeli, Bauherr der Stickereiunternehmer Carl Fenkart, der sich auch gleich eine Wohnung im ersten Stock einrichten liess. Mit der wellenartig geschwungenen Fassade und dem stelzbeinigen Erdgeschoss wirkt das Haus Oceanic wie eine mit Reliefs und

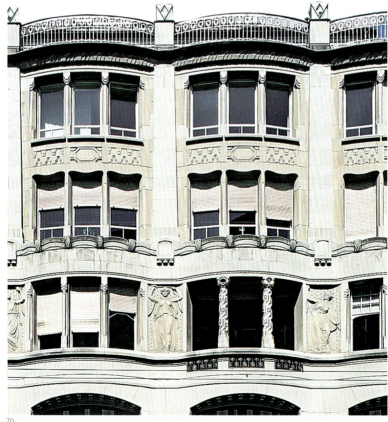

Das Geschäftshaus Oceanic von Osten.

Ornamenten ausgestattete Zierkommode und beherrscht noch heute den Strassenraum zwischen der ehemaligen Börse (UBS am Multertor) und dem Bahnhof. Um die Bedeutung seines Stickereiunternehmens noch zu unterstreichen, erteilte Fenkart dem Bildhauer August Bösch den Auftrag, die Aussenfassaden mit allegorischen Figuren zu verzieren. Die Flachreliefs (Abbildung rechts) befinden sich im ersten Obergeschoss und stellen – von rechts nach links betrachtet – antike Schicksalsgöttinnen dar. Sie halten über fünf Hauptfelder hinweg den **Lebensfaden des Menschen** in der Hand, was als Sinnbild für dessen steigende und fallende physische und geistige Kraft in den verschiedenen Lebensaltern aufzufassen ist. An der östlichen Fassade sind Adam und Eva dargestellt. *DS*

# Jugendstil in St.Gallen

**A**ls ‹Jugendstil› wird eine kurze kulturgeschicht-
liche Epoche der Stilentwicklung und Reform-
suche um und nach 1900 bezeichnet – das
Aufbegehren der Jugend gegen das Alte. Ihren Namen
verdankt die Bewegung der 1896 in
München erstmals erschienenen Zeit-
schrift ‹Die Jugend›. St.Gallen gehört
zu den bedeutendsten Jugendstil-
Städten der Schweiz und verfügt
noch heute über zahlreiche, gut erhaltene Bauten aus dieser Zeit.

Stadtansicht von Süden, Farbholz-
schnitt von 1904 der St.Galler
Jugendstilkünstlerin Martha Cunz.

Eine der **wichtigsten Jugendstil-
Überbauungen** befindet sich an der
St.Leonhard-Strasse und umfasst
die Häuser Nrn. 20 (Oceanic), 22
und **24 (UBS)**, das mit letzterem
zusammengebaute ehemalige Stickereigeschäftshaus Labhard (seit 1920 UBS, Kornhausstras-
se 7) sowie die Geschäftsstelle von St.Gallen-Bodensee
Tourismus (Bahnhofplatz 1a). Diese Häuser wurden alle
zwischen 1904 und 1908 von national und international
bekannten Architekten entworfen und als sandsteinver-
kleidete Eisenbetonbauten erstellt. Erkennungsmerkmale
sind ein hohes Sockelgeschoss, die glatte Fassade sowie
das oftmals zurückversetzte Dachgeschoss. Die UBS und
die Geschäftsstelle von St.Gallen-Bodensee Tourismus
sind mit ihren die Dachtraufe überragenden
Kuppeln zusätzlich als Kopfbauten
gekennzeichnet und bildeten zusammen mit dem 1977 abge-
brochenen Geschäftsgebäude
der Helvetia-Versicherungen
(heute Standort der
St.Galler Kantonalbank)
ein wichtiges Ensemble.

*DS*

Eckturm beim
Geschäftshaus
der UBS.

Historische Aufnahme der
Schalterhalle.

**D**ie Gestaltung des zwischen 1911 und 1915 angelegten Bahnhofplatzes sowie der umliegenden Gebäude geht auf einen Wettbewerb von 1907 zurück. Um das neue Aufnahme- und Postgebäude und den Gaiserbahnhof erstellen zu können, mussten 13 Liegenschaften abgebrochen werden. Grundriss und Baumasse sind dem Vorbild der Piazza d'Erbe in Verona nachempfunden, d.h. St.Gallen verfügt über einen Hauch **norditalienischer Grandezza!** Dass die Stimmung auf dem Bahnhofplatz doch nicht gleich wie am Ursprungsort empfunden wird, liegt am – oft garstigen – Wetter und am motorisierten Verkehr.

Der Hauptbahnhof wurde 1911–1913 nach Plänen von Alexander von Senger erbaut. Es handelt sich um eine Eisenbetonkonstruktion, die mit Hausteinen verkleidet ist. Architekturgeschichtlich steht von Sengers Bau dem damals neuentdeckten Barockstil nahe. Man spürt beim Anblick des segmentförmig vortretenden Mittelbaus den Einfluss der Klosterkirche und des süddeutschen Barocks. Indem der Reisende also gleichsam von der Stiftskirche empfangen werden sollte, wirkt der Bahnhof wie ein modernes Stadttor. Seit Abschluss der letzten Renovation

Die Hauptfront des Bahnhof-Aufnahmegebäudes erinnert an die Rotunde der Klosterkirche.

1999 sind erstmals das – seinerzeit zu gross dimensionierte – Aufnahmegebäude vollständig belegt (Klubschule Migros) und der vom Architekturbüro Brandes und Schmutz in pompejanischen Formen ausgemalte ehemalige Kreisbahnratssaal für die Öffentlichkeit zugänglich.

*DS*

Sandsteinplastik über dem Haupteingang.

Der Postillon, 1914, Relief von Jakob Brüllmann, an der Südecke bei der Einfahrt in den Posthof.

Die Hauptpost wurde 1911–1915 vom Architekturbüro Pfleghard & Haefeli auf sumpfigem Baugrund anstelle einer spätklassizistischen Häuserzeile erbaut. Die Konstruktion erfolgte in armiertem Beton, die Aussenverkleidung mit St.Margrether Sandstein. Die Hauptpost ist ein geschlossener Baublock von strenger Sachlichkeit mit Rundbogenöffnungen im Sockel, drei Obergeschossen und einem Walmdach. An der Nordwestseite befindet sich der markante Uhrturm mit Zeltdach, der an den ehemaligen spätgotischen Klosterturm erinnern soll. Das Gebäude verfügt über qualitätvolle Fassadenplastiken, welche Aufgaben der Post thematisieren, und über eine reich ausgemalte Schalterhalle.

Der Gaiserbahnhof (Nebenbahnhof) als westlicher Abschluss des Bahnhofplatzes wurde 1913/14 von Stadtbaumeister Max Müller in sandsteinverkleidetem Eisenbeton ausgeführt. Wegen des sumpfigen Grundes ging auch hier eine aufwändige Fundamentierung dem Bau voraus DS

Der Gaiserbahnhof ist Ausgangspunkt der Appenzellerbahn nach Teufen, Gais und Appenzell sowie der Trogenerbahn nach Speicher und Trogen.

| # Kulturzentrum Lagerhaus

Blick auf das Lagerhaus an der Davidstrasse.

Gregory und Cyril Chapuisat, Hyperespace, 2005 (Installationsansicht) in der Kunst Halle Sankt Gallen.

I n den letzten Jahren hat sich am westlichen Ende der Davidstrasse und zu beiden Seiten der St.Leonhards-Brücke eine rege Kulturszene entwickelt.

Das **Städtische Lagerhaus** (Davidstrasse 40–46) wurde 1902/03 von Max Hoegger erbaut. Heute befinden sich darin u.a. die Kunst Halle Sankt Gallen, das Museum im Lagerhaus, das Architektur Forum Ostschweiz, die Frauenbibliothek Wyborada, eine Tanzschule, ein Jugendzentrum, zwei Kunstgalerien, Architektur- und Designbüros usw.

Die **Kunst Halle Sankt Gallen** (Nr. 40) wurde 1985 als Ausstellungsort für St.Galler Künstlerinnen und Künstler gegründet und ist seit 1992 am heutigen Ort. 2004 bezog die Institution neue Räumlichkeiten im Erdgeschoss und hat sich auch vermehrt der nationalen

und internationalen Kunstszene angenähert. Heute finden regelmässige Wechselausstellungen mit schweizerischen und internationalen Kunstschaffenden statt. Hinzu kommen eine Dokumentationsstelle für Ostschweizer Künstler und Künstlerinnen sowie eine Bibliothek.

Die Lobby der Kunst Halle Sankt Gallen.

Das **Architektur Forum Ostschweiz** ist Ort der Auseinandersetzung, des Austausches und der Meinungsbildung zu Themen der Baukultur. In Zusammenarbeit mit Fachverbänden und Schulen koordiniert und organisiert das Forum Aktivitäten in Architektur, Städtebau, Raum- und Landschaftsplanung sowie Ingenieurbaukunst.

Das **Museum im Lagerhaus** (Nr. 44) wurde 1988 von der im gleichen Jahr errichteten Stiftung für schweizerische naive Kunst und Art brut gegründet. Stiftung und Museum haben das Ziel, Interesse und Verständnis für die verschiedenen Bereiche der ‹Outsider› zu wecken und zu fördern. Die Institution geniesst einen weit über die Stadt St.Gallen hinausreichenden Ruf.

*DS*

Bemalte Zementplastik von Ulrich Bleiker.

# 21 | Lokremise

Die authentische Industriearchitektur wird als architektonischer Körper erhalten und zum Kulturzentrum mit Tanz, Theater, Kino, Kunst und Gastronomie.

**D**ie Lokremise wurde 1903–1911 von Carl Moser im französischen Rotondentypus erbaut und gilt als Pionierbau der Eisenbetonkonstruktion. Sie ist mit 80 Metern Durchmesser das grösste erhaltene Ringdepot der Schweiz. Zum Areal der Lokremise gehören auch der Wasserturm sowie das benachbarte Bad-

**Aktuelle Informationen:**
www. lokremisesg.ch

haus. Nach Aufhebung des Betriebs als Lokdepot stand die Remise jahrelang leer. Im Jahr 1999 baute eine private Kunstgalerie die Lokremise sanft um und nutzte sie bis 2004 in den warmen Monaten für Ausstellungen zeitgenössischer Kunst. Seit 2006 engagieren sich der Kanton St.Gallen sowie Konzert und Theater St.Gallen in der Lokremise. In der fast dreijährigen, sehr erfolgreichen Provisoriumsphase wurden gegen 550 Veranstaltungen durchgeführt. Die Neueröffnung nach dem Umbau zum Kulturzentrum ist im Herbst 2010. Neben Tanz und Theater wird auch das St.Galler Programmkino Kinok seine neue Heimat in der Lokremise finden. Ein grosszügiger Ausstellungsraum erweitert den Wirkungsraum des Kunstmuseums, und ein ganztägiger Gastronomiebetrieb belebt diesen zentral gelegenen Kulturbetrieb zusätzlich.

*PL*

Tanzchoreografie des Theaters St.Gallen in der Lokremise.

# Synagoge

**D**ie Gründung der Israelitischen Gemeinde St.Gallen im Jahre 1863 führte drei Jahre später zum Bau einer ersten Synagoge im Hinterhof des Hauses zum Stein am Marktplatz/Bohl. Nach

Fassadenentwurf von 1880 mit den farblich akzentuierten Ornamenten.

Südfassade der Synagoge St.Gallen, von der Frongartenstrasse aus gesehen.

dessen Abbruch entstand 1880/81 an der Frongartenstrasse im Raiffeisenviertel die heutige Synagoge im maurischen Stil mit 250 Sitzplätzen. Das prächtige Innere ist original erhalten und 2004 renoviert worden. *RW*

**Besichtigung nur auf Voranmeldung möglich:**
Jüdische Gemeinde St.Gallen
Merkurstrasse 4
9000 St.Gallen

Stadtlounge & Raiffeisenzentrum

Eine der aufsehenerregendsten Neukonzeptionen in der westlichen Vorstadt befindet sich im Bleicheli-Quartier. Innerhalb von zehn Jahren (1995–2005) ist dort für den Hauptsitz der Raiffeisenbank Schweiz ein vier Gebäude umfassendes Quartier entstanden, das sich durch eine moderne, schnörkellose Architektur auszeichnet. Der Errichtung dieses Bankenviertels hatten zahlreiche, meist kleinräumige Gebäude weichen müssen. Im 19. Jahrhundert als Gewerbebauten erstellt, hatten sie sich zunehmend zu bescheidenen, aber mit viel Leben erfüllten Wohnhäusern, Werkstätten, Restaurants und Kulturräumen entwickelt. Um die kühle und abweisende Wirkung des neuen Bankenareals aufzuheben, wurde ein Wettbewerb ausgeschrieben, aus dem die Künstlerin Pipilotti Rist und der Architekt Carlos Martínez erfolgreich hervorgingen. Mit ihrem Projekt «Stadtlounge» sollte der Stadtraum zum öffent-

Die Realisierung des «Roten Teppichs» erfolgte im Sommer 2005. Am 3. November 2005 war alles fertig und St.Gallen um eine Attraktion reicher.

Wandmalereien des amerikanischen Minimal-Art-Künstlers Sol Le Witt in den Empfangsräumen der Raiffeisenbank.

lichen Wohnzimmer werden. Statt Härte und Zusammenhangslosigkeit sollte eine «einladende, weiche Atmosphäre» herrschen. Als Lösung schlugen Rist und Martínez einen «Teppich» vor und unterlegten dem Quartier einen roten Bodenbelag aus Gummigranulat und rotem Teer. Dazu kamen andere Elemente: Grosse pastellfarbene Beleuchtungskörper schweben überdimensionierten Kieselsteinen ähnlich hoch über den Gassen, Sitz- und Liegemöbel animieren nebst einem Restaurant zum Dableiben und sogar Autos wurden mit dem Granulat überzogen. Das Gebiet wurde wie ein Wohnraum in Zonen aufgeteilt, der Autoverkehr ist verlangsamt und wird sorgfältig geführt. **DS**

Das erste Konzerthaus St.Gallens wurde 1890 an der Dufourstrasse erbaut, mangels Interesse aber bereits 1895 wieder geschlossen und umgestaltet. Nach langwierigen Planungen wurde die Tonhalle 1906–1909 nach Plänen von Julius Kunkler erbaut. Kunkler verdankte den Auftrag wohl der Tatsache, dass er elf Jahre als erster Geiger im Städtischen Orchester mitgewirkt hatte. Die Konstruktion in armiertem Beton stammt vom Eisenbetonpionier Robert Maillart, die Aussenverkleidung erfolgte in verputztem Backstein. Der Baukörper wurde im damals modernen neobarocken Stil gestaltet, so dass von «Eisenbetonbarock» gesprochen werden kann.

Auf dem grosszügigen Platz vor dem Restaurant Concerto ist eine Kugelschale von Max Bill aufgestellt.

Historische Aufnahme der Tonhalle vor der Bestuhlung 1909.

Auf der Eingangsseite befindet sich über dem Obergeschoss reiche Bauplastik mit allegorischen Figuren.
1992/93 fand eine Gesamtrenovation der Tonhalle statt,
bei der auf der Westseite ein Glasvorbau angefügt wurde
(heute Restaurant Concerto). **DS**

Das frühere St.Galler Stadttheater (1857) stand in der Altstadt schräg gegenüber dem Waaghaus, an der Stelle des heutigen Markts am Bohl (McDonalds), stammte von Johann Christoph Kunkler und wurde 1971 abgebrochen. Grund war der Bezug des 1964–1968 gegenüber der Tonhalle erstellten neuen Stadttheaters der Zürcher Architektengemeinschaft Claude Paillard, Fred Cramer, Werner Jaray und Peter Leemann.

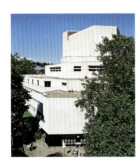

Aus der Ansicht von Süden wird der Aufbau in Prismen ersichtlich.

Dieses bedeutende Beispiel expressiver Architektur, dessen äussere Erscheinung sich aus gestaffelten Prismen aus Sichtbeton entwickelt, kann nicht mehr nur von einzelnen Standpunkten aus erfasst werden. Das stattliche Volumen des in den Stadtpark modellierten Sichtbetonbaus wird

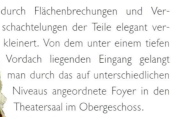

durch Flächenbrechungen und Verschachtelungen der Teile elegant verkleinert. Von dem unter einem tiefen Vordach liegenden Eingang gelangt man durch das auf unterschiedlichen Niveaus angeordnete Foyer in den Theatersaal im Obergeschoss.

Im Foyer befindet sich ein repräsentatives Werk des spanischen Künstlers Antoni Tàpies. Es sind mehrere von der Decke herunterhängende rote Stoffbahnen, die stellvertretend für den Freiheitskampf des Menschen und der Kultur stehen. Das Werk verursachte bei seiner Einweihung 1970 einen veritablen Kunstskandal in St.Gallen. *DS*

Der Stadtpark war ursprünglich der botanische Garten von St.Gallen. Er bildet heute inmitten des Verkehrsgetriebes eine grüne Lunge und ist als Erholungsraum äusserst beliebt.

D as Natur- und Kunstmuseum liegt in unmittelbarer Nähe des Stadttheaters, auf der Südseite der Museumstrasse resp. am westlichen Anfang des Stadtparks. Im Pärkli zwischen den beiden Häusern steht seit 1989 die aus rostendem Stahl gefertigte Skulptur «Trunk» des amerikanischen Künstlers Richard Serra.

Klassiker und Kunstschaffende der Avantgarde: Die aktive Auseinandersetzung mit «Zeitgemässem» prägt das Konzept des Kunstmuseums.

Das Museum wurde 1873 bis 1877 vom damals wohl bedeutendsten St.Galler Architekten, Johann Christoph Kunkler, im Stil der Neurenaissance erbaut. In der Grundanlage wie ein Schloss konzipiert, verlegte Kunkler die Eingangspartie in den westlichen Eckbau und gestaltete die westliche Hauptfassade zu einer Art Tempelfront mit kannelierten Pilastern und Dreiecksgiebel. Auf der Höhe des Obergeschosses befinden sich links und rechts zwei Figurennischen mit allegorischen Plastiken. Dargestellt sind die ‹Kunst› und die ‹Wissenschaft›. Sie stehen symbolhaft für die Doppelfunktion des Museums. Von der Eingangshalle führt eine zweiläufige Treppe in die Vorhalle des Obergeschosses, das mit einer reich stuckierten Decke mit Dekorationsmalerei ausgestattet ist. 1970 musste das Gebäude wegen seines schlechten Zustandes geschlossen werden, und es wurde gar ein Abbruch diskutiert. Schliesslich erfolgte zwischen 1983 und 1987 eine Reno-

Diese Videopräsentation von Nam June Paik ist Bestandteil der ständigen Sammlung.

vation und Erweiterung nach Plänen von Architekt Marcel Ferrier, wobei die Doppelfunktion als Natur- und Kunstmuseum beibehalten wurde.

Das **Kunstmuseum** beherbergt eine reiche Sammlung von Gemälden und Skulpturen vom Spätmittelalter bis zur Gegenwart. In Zusammenarbeit mit dem Kunstverein werden regelmässige

Sonderausstellungen – häufig zur internationalen Gegenwartskunst – organisiert. Während der Sommermonate erfolgen in der Regel Sammlungspräsentationen.

Das **Naturmuseum** verfügt über eine Dauerausstellung mit folgenden Themen: Leben in der Vorzeit (u.a. Originalskelett eines neun Meter langen Anatosauriers), Huftiergruppe, einheimische Vögel und Säugetiere, Mikrowelt im Gartentümpel, Steinadler, Fische aus dem Bodensee in einem Grossaquarium, Geologie (u.a. historisches Säntisrelief), Formikarium mit lebenden Waldameisen, Terrarium, zwei Dioramen usw. Daneben werden auch Sonderausstellungen gezeigt. *DS*

85

Die Hauptansicht des Museums von Westen.

Am 28. Juni 1914 (dem Tag des Attentats von Sarajevo!) beschloss die St.Galler Ortsbürgergemeinde, ein Museum für die historische und völkerkundliche Sammlung zu bauen. Die Pläne schufen die Winterthurer Architekten Bridler & Völki. Der Ausbruch des Ersten Weltkrieges verzögerte indes den Bau, so dass das Museum erst 1921 eröffnet werden konnte.

Der neoklassizistische Bau weist einen breit gelagerten westlichen Eingangstrakt mit kolossaler Säulenordnung und Freitreppe auf. Ein hufeisenförmig angeschobener Körper umschliesst den Innenhof, in dem der 1918 von Wilhelm Meier geschaffene Gallusbrunnen steht und in dem regelmässig Veranstaltungen wie das St.Galler Kulturfestival stattfinden.

Das Johannes-Haupt vom Feldkircher Goldschmied Constantin Müller, ca. 1500–1510.

Wappenscheibe der Stadt St.Gallen vom St.Galler Glasmaler Heinrich Guldi, 1637.

Die **historische Abteilung** befindet sich hauptsächlich im Nord- und Osttrakt, während die Völkerkunde im Südteil untergebracht ist. Auf allen Stockwerken sind so genannte Period Rooms (fest eingerichtete Zimmer) des 16. bis 18. Jahrhunderts aus Stadt und Kanton St.Gallen zugänglich. Besonders eindrücklich sind die Ratsstube aus dem alten Rathaus der Stadt St.Gallen sowie ein Prunkraum von Fürstabt Joachim Opser aus dem Hof Wil, der äbtischen Residenz in der gleichnamigen Stadt.

Der Innenhof in der Dämmerung.

Der Asiensaal mit der Figur des Bodhisattvas Kuan-yin.

Die ständige Ausstellung der historischen Abteilung umfasst weiter die Ur- und Frühgeschichte (Jungsteinzeit bis Frühmittelalter), die Stadtgeschichte (u.a. ein grosses Modell der spätmittelalterlichen Stadt St.Gallen), Glasgemälde, Sakralkunst, Appenzeller und Toggenburger Volkskunst, Kostüme, Waffen und Uniformen usw. Seit Frühling 2007 verfügt das Haus auch über ein eigenes Kindermuseum. Die Sammlung der **völkerkundlichen Abteilung** umfasst Alt-Ägypten, Masken und Skulpturen aus West- und Zentralafrika, Bronzearbeiten aus dem Königreich Benin, Objekte der Indianer- und Inuitkulturen Nordamerikas, der präkolumbischen Kulturen Mittel- und Südamerikas, des islamischen und indischen Kulturkreises, religiöse Kunst aus China, Kunstgewerbe, Nô-Masken und Figuren aus Japan und anderes. Die Sammlung stellt ein Zeugnis der schon damals weitgereisten Kaufleute St.Gallens dar, welche sie bereichert haben. Das Museum veranstaltet jährlich drei bis vier Sonderausstellungen zu Kulturgeschichte, Völkerkunde und Archäologie. *DS*

Der Saal des Fürstabtes Joachim Opser, 1580.

Singhalesische Maske aus der Sammlung.

Kastenmalerei von Conrad Starck, 1802.

Eines der schönsten und einheitlichsten Quartiere St.Gallens ist das Museumsquartier, das Ende des 19. und anfangs des 20. Jahrhunderts erbaut wurde.

An der östlichen Notkerstrasse stehen vier öffentliche Bauten von hoher architektonischer Qualität unmittelbar nebeneinander: Das Schulhaus an der Notkerstrasse 20 (heute Kantonsschule am Brühl) wurde 1910/11 als Handelshochschule erstellt und beherbergte später die jetzige Universität St.Gallen, welche heute auf dem Rosenberg beheimatet ist. Das langgezogene Gebäude verfügt über einen turmartigen Mittelteil mit flacher Kuppel. Ein Sandsteinrelief von Karl Hänny zeigt allegorische Figuren, die den Handel und den Verkehr darstellen.

In unmittelbarer Nachbarschaft – und mit ähnlicher architektonischer Gewichtung – steht die **Kantonsbibliothek** mit den

beiden **Stadtarchiven** (Ortsbürgergemeinde und Politische Gemeinde) und der **Vadianischen Sammlung**. Hier kann wohl vom schönsten Schweizer Bibliotheks- und Archivbau der Zeit um 1900 gesprochen werden! Die Fassadengestaltung des 1905–1907 errichteten, Vadiana genannten Gebäudes lehnt sich an die italienische Renaissance an. Markant ist der zentrale Eingangsrisalit mit kräftigem Portal und geschweiftem Giebel. Die Bildhauerarbeiten (Relief mit Stadtwappen, Sandsteineule) stammen vom gebürtigen Holländer Henri Gisbert Geene, dessen Werken man in der Stadt St.Gallen an weiteren Gebäuden begegnet. Beachtenswert sind auch die qualitätvolle Kunstverglasung und die weitgehend originale Innenausstattung im Treppenhaus. Östlich der Kantonsbibliothek befindet sich das Schulhaus Bürgli, erbaut von 1890 bis 1892. Ebenfalls den Namen Bürgli trägt die auf der gegenüberliegenden Strassenseite stehende Villa, Nr. 25. Bei ihr handelt es sich um einen reich instrumentierten Wohnbau im Stil eines Loireschlosses. Architekt war 1887 der St.Galler August Hardegger, der das Herrschaftshaus mit einem französischen Mansarddach und zwei Eckrundtürmen ausstattete. *DS*

Den nordöstlichen Abschluss dieses Kultur- und Schulquartiers bildet die Pädagogische Hochschule St.Gallen (PHSG; Schulhaus Hadwig) an der Notkerstrasse 27, erstellt 1905–07 von Curjel & Moser, einer der um die Jahrhundertwende bekanntesten Architektengemeinschaften der Schweiz. Das von grosszügigen Freiflächen umgebene und bei seiner Entstehung Aufsehen erregende Schulhaus zeigt einen geknickten Grundriss mit Giebelfassaden.

Ansicht des Schulhauses Bürgli.

In der Vadiana befindet sich auch das «Gedächtnis» der Stadt, die beiden Stadtarchive.

Der markante, zentrale Eingangsrisalit mit kräftigem Portal und
geschweiftem Giebel.

BIBLIOTHEK

Das 1904–1906 erbaute Volksbad an der Steinachstrasse Nr. 6–8 steht in enger Verbindung zur damaligen Hygienebewegung sowie zur neuen Wasserversorgung aus dem Bodensee (siehe Broderbrunnen S. 66f.). Seit 1895 hatte St.Gallen endlich ausreichend Wasser zur Verfügung, und öffentliche Einrichtungen und Privathaushalte konnten an das städtische Leitungsnetz angeschlossen werden. Das Volksbad war eines der ersten Hallenbäder in der Schweiz und wurde nach Plänen von Stadtbaumeister Albert Pfeiffer erbaut.

Das Volksbad in einer historischen Aufnahme und heute.

Er orientierte sich an Vorbildern in Giessen (D) und Heilbronn (D). Der damals weit verbreitete Hallentypus (10 Meter mal 20 Meter) war römischen Thermen nachempfunden (vgl. die seitlich angebrachten Thermenfenster).

Die vielen Duschen und Badewannen sind heute nur noch sporadisch in Betrieb. Dafür wird das Schwimmbad immer noch gut besucht, trotz neuen Hallenbädern in Stadt und Agglomeration. Über dem Eingangstor wachen Wassermann, Nixen und Frösche, im Entree spielen Bären auf Brunnen, im Schwimmbad wacht ein Wassermann mit zwei spielenden Knaben auf einer Schildkröte über den Schwimmbetrieb. Diese plastischen Arbeiten stammen vom niederländischen Bildhauer Henri Gisbert Geene. Das Volksbad St.Gallen war lange Zeit das einzige in der Region und bildete bis nach dem Zweiten Weltkrieg einen Grundpfeiler der städtischen Hygiene und Gesundheit. Das **Jugendstilbad** soll in naher Zukunft renoviert werden. *RW*

# Bürgerspital

**D**as an der Rorschacher Strasse gelegene Bürgerspital wurde 1845 eröffnet und ist in zweierlei Hinsicht bedeutend für die Kulturgeschichte der Stadt: Einerseits zeigt es die verbesserte medizinische Versorgung der Bevölkerung, andererseits setzte es die städtebauliche Aktivität ausserhalb der

Fassadenplan zum Monumentalbau von Johann Christoph Kunkler.

Stadtmauern fort. Mit dem vor dem Kantonsspital erbauten Bürgerspital besassen die St.Galler Bürger ein Alters- und Pflegeheim, welches damals bezüglich Komfort und Platz einen Spitzenrang in der Schweiz einnahm. Der Vorgängerbau, das Heiliggeist-Spital an der Marktgasse, wurde wie andere öffentliche Bauten im Stadtkern abgerissen. Der neue Monumentalbau wurde nach Plänen des damals erst 27-jährigen Johann Christoph Kunkler erbaut. Der später bekannt gewordene St.Galler Architekt erstellte einen streng symmetrischen, **klassizistischen Bau** im Münchner Stil. Der überhöhte Mittelbau stellt das Herz der Anlage dar, daran stossen langgestreckte Seitenflügel. Zum Bürgerspital gehört eine weite Gartenanlage auf der Südseite, die ursprünglich französischen Vorbildern folgte. Als bürgerliche Armen-, Kranken- und Versorgungsanstalt errichtet, entwickelte sich das Bürgerspital unter der Ortsbürgergemeinde St.Gallen zu einem Krankenhaus und dient heute als Alters- und Pflegeheim. Es ist Teil eines Kompetenzzentrums für das Alter, zusammen mit der Geriatrischen Klinik östlich und dem Seniorenwohnsitz Singenberg westlich der Anlage. *DG*

Sandsteinplastik in der Gartenanlage des Bürgerspitals.

| # Botanischer Garten

Natur, Kultur und Erholungs-
möglichkeiten ergänzen sich im
vielfältigen Grün.

Blüte der Distelbirne
(Hylocereus undatus),
eines kletternden Kaktus.

Die baumbewohnende Orchidee
Dendrobium subclausum aus
Neuguinea.

**So erreichen Sie den
Botanischen Garten**
Bus Nr. 1. Von den Halte-
stellen ‹Neudorf›, ‹Botanischer
Garten› oder ‹Lindenstrasse›
sind kaum 5 Gehminuten
erforderlich. Rollstuhlgängig.

**Öffnungszeiten**
Freiland: 8.00–17.00 Uhr
Tropenhaus: 9.30–12.00 /
14.00–17.00 Uhr
täglich geöffnet ausser
25. Dez. und 1. Jan.
Eintritt frei.

D er Botanische Garten St.Gallen ist weit mehr als eine Sammlung schöner Blumen. Er ist ein Ort der Bildung, der Umwelterziehung, der Begegnung und der Erholung. Alle sind hier herzlich willkommen, die sich für die Formenvielfalt der Pflanzen interessieren und sich gerne in einer abwechslungsreichen Gartenanlage aufhalten.

Der erste Botanische Garten in St.Gallen entstand 1878 mit dem Bau des heutigen Natur- und Kunstmuseums im Stadtpark. Beim Bau des Historischen Museums musste dieser Garten weichen. Nach einer Zwischenstation im Brühlquartier entstand 1945 der heutige Botanische Garten im Stephanshorn.

Darin leben heute rund **8000 verschiedene Pflanzenarten aus aller Welt** in rund 20 verschiedenen Abteilungen. Die Stadt St.Gallen als Trägerin des Gartens unternimmt grosse Anstrengungen zu seiner stetigen Entwicklung. So entstanden 1991/92 ein geräumiges Alpinenhaus, 1998 ein neues Tropenhaus, 2000 ein Schauhaus für Fleisch fressende Pflanzen, und 2006 stiess ein modernes Orchideenhaus dazu. Die abwechslungsreichen Freilandanlagen sind nach der geografischen Herkunft der Pflanzen, nach ihrer Nutzung und nach schulischen Gesichtspunkten angelegt. Bezüglich Artenreichtum stehen sie den Schauhäusern in keiner Weise nach. *HS*

# Wildpark Peter und Paul

**D**er Wildpark Peter und Paul liegt auf einer aussichtsreichen Kuppe am östlichen Ende von Rotmonten auf 780 Metern Höhe und ist von Wiesen, Wald und einem Tobel umgeben. Von verschiedenen Standorten aus ergeben sich weite Ausblicke auf den Thurgau, Bodensee, nach Süddeutschland, Vorarlberg und zum Alpstein. Der Wildpark wurde 1892 gegründet und mit einem Bestand von 39 Tieren eröffnet. 1902 liess

So erreichen Sie den Wildpark Peter und Paul
Bus Nr. 5 oder 9, bis Haltestelle ‹Sonne›, Fussweg ca. 15 Min. bis zu den Tiergehegen. Rollstuhlgängig.
Eintritt frei.

man einen ersten Kletterfelsen für Steinwild erstellen. Von Peter und Paul aus wurde der Steinbock in den Schweizer Alpen wieder angesiedelt, wo er zuvor ausgerottet worden war. 1907 bis 1912 erfolgte der Bau von drei weiteren Kunstfelsen, die den Kalksteinformationen der Kreuzberge im Alpstein nachempfunden wurden. Nach einer Erweiterung des Parkareals in den 1920er-Jahren wurde 1943 ein erstes Spezialgehege für Murmeltiere erstellt. 1980 gelang auch die Einrichtung eines Luchsgeheges. Zudem verfügt man seit 1999 über ein Wildkatzengehege und seit 2002 über eine neue Murmeltieranlage. Wie zur Zeit der Gründung wird der Wildpark auch heute noch vornehmlich von privatem Einsatz getragen. Er ist mitsamt der angrenzenden Umgebung zu einem der wichtigsten **Naherholungsgebiete** auf städtischem Boden geworden. Ein von der Ortsbürgergemeinde St. Gallen betriebenes Gasthaus am nördlichen Ende trägt wesentlich zur Anziehungskraft des Erholungsgebietes Peter und Paul bei.

*DS*

«Schalenbaum» von Hans Arp, 1947/60.
Rechts: Teil einer Werkgruppe von Josef Felix Müller, 1989.

Körper einer Figurengruppe von Alicia Penalba, 1963, vor dem Hauptgebäude der Universität.

**D**ie Wurzeln der heutigen Universität gehen auf das Jahr 1898 zurück, als der Grosse Rat des Kantons St.Gallen die Gründung einer Handelsakademie beschloss, welche 1938 das Promotionsrecht erhielt. Anfänglich auf Wirtschafts- und Sozialwissenschaften fokussiert, wurde das Angebot später um die Fakultät der Rechtswissenschaft erweitert. 1963 wurde der Name in ‹Hochschule für Wirtschafts- und Sozialwissenschaften› abgeändert, und seit 1995 heisst sie ‹Universität St.Gallen – Hochschule für Wirtschafts-, Rechts- und Sozialwissenschaften (HSG)›.

Zwischen 1960 und 1963 entstand das von Walter M. Förderer & Rolf Georg Otto & Hans Zwimpfer (Basel entworfene Hauptgebäude der Universität, dem internationale Beachtung zukam und heute als bedeutender Zeitzeuge der 1960er-Jahre gilt. Es ist ein anschauliches Beispiel des in der Nachfolge von Le Corbusier stehenden sog. ‹Brutalismus› der 1950er-Jahre, bei dem Konstruktion und Material kompromisslos sichtbar gemacht werden. Der Brutalismus ist kein Architekturstil der Leichtigkeit und Schwerelosigkeit, sondern weist mehr einen Zug ins Archaische auf. 1989 wurde die HSG durch den Bibliotheksbau ergänzt, 1995 folgte das Weiterbildungszentrum. Beide Bauten stammen von Bruno Gerosa.

Die Universität beherbergt heute 30 Institute und ungefähr 5 000 Studierende internationaler Herkunft. Da die
Gebäude jedoch nur für 3 500 Studierende konzipiert
wurden, herrscht heute akuter Platzmangel. Aus diesem
Grund stimmte die St.Galler Bevölkerung 2005 der Bau-
vorlage für die Sanierung und Erweiterung zu.
Ein Besuch der Universität St.Gallen HSG lohnt sich jedoch nicht nur wegen der Architektur oder der einla-
denden Aussicht über die Stadt. Auch die **künstlerische
Ausstattung** um und in den Gebäuden macht die Universität St.Gallen HSG zu einem international beachteten
Ort. Die in und um die drei Gebäude verteilten Werke
stammen u.a. von Hans Arp, Joan Miró, Georges Braque,
Alberto Giacometti, Max Bill, Martin Disler und Antoni
Tàpies. Die Kunstwerke verstehen sich sowohl als Gegengewicht zur Architektur, ergänzen diese aber auch auf
erzählerische Weise.                                    *NB*

Plastiken, Skulpturen und
Gemälde wurden von den
Künstlern eigens für die Räume
der HSG geschaffen.

In direkter Nachbarschaft zur
Hochschule steht der Helvetia-
Patria-Bau der Basler Architekten Herzog & De Meuron,
der mit schräggestellten, verspie-
gelten Fenstern die Umgebung
klar und verspielt integriert.

Die Talstation der Mühleggbahn.

Sehenswert ist die so genannte Frauenbadi im Osten, eine Holzwerkkonstruktion aus dem 19. Jahrhundert.

Im Süden der Stadt, auf einem Hochplateau unterhalb des Freudenbergs, erstreckt sich eine liebliche Weiherlandschaft. Sie ist ein wichtiger Naherholungsraum für die Stadtbewohner und Teil eines zusammenhängenden Schutzgebietes, das sich am ganzen Südhang der Stadt entlangzieht.

Von den ursprünglich fünf Weihern sind noch vier erhalten. Sie wurden zwischen dem 17. und 20. Jahrhundert gegraben (bzw. einer zugeschüttet) und dienten als Löschwasser bei Feuersbrünsten und den städtischen Bleichen als Wasservorrat. Mittels eines Schiebers wurde das Wasser über den Müleggweier (Bergstation Mühleggbahn) in die Steinach und weiter in die Stadt geleitet.

So erreichen Sie die Drei Weieren:
Mühleggbahn oder Bus Nr. 2, bis Haltestelle ‹Mühlegg›, Fussweg ca. 10 Min. ausgeschildert. Beschränkt rollstuhlgängig.

Die Weiher sind im Sommer **beliebte Badeorte** für die Einheimischen und im Winter Treffpunkt für Eislaufbegeisterte. Ein Rundgang um die Weiherlandschaft ist zu jeder Jahreszeit attraktiv wegen des Rundumblickes über die ganze Stadt. Lohnenswert ist der etwas steilere Aufstieg durch die **Mülenenschlucht**, wo die Steinach ungestüm zwischen den Nagelfluhwänden hindurch tost. Der wildromantische Weg überquert den Fluss mehrmals. Ein Schräglift (früher eine Drahtseilbahn) führt von der Stadt nach St.Georgen, zu welchem die Weiherlandschaft mit dem Kloster Notkersegg gehört. *RW*

A uf demselben Hochplateau weiter östlich befindet sich das Kloster Notkersegg («Chlöschterli»). Es wurde im Jahre 1381 gegründet. Im 17. Jahrhundert schlossen sich die Nonnen dem Kapuzinerrinnenorden an und erstellten auf Notkersegg einen ersten Klosterbau. Betreut wurden sie durch Mönche des Klosters St.Gallen. Die imposante Anlage, im 18. Jahrhundert baulich erneuert, nimmt gleichsam einen Logenplatz hoch über der Stadt St.Gallen ein. Besonders sehenswert ist die täglich geöffnete Klosterkirche mit ihrer hochwertigen barocken Ausstattung (Altäre, Stuckaturen, Deckengemälde). In den angrenzenden Klosterbauten (nicht zugänglich) beten und arbeiten noch heute mehrere Klosterfrauen. Der Höhenweg zwischen dem Kloster und Drei Weieren eröffnet faszinierende Ausblicke auf die Stadt und in die umliegende Region. *RW*

So erreichen Sie das Kloster Notkersegg:
Trogenerbahn bis Haltestelle «Notkersegg». Zudem verbindet ein Wanderweg Drei Weieren und Notkersegg.

# Burg Waldegg

**D**ie heutige Burg Waldegg befindet sich an der Stelle eines bereits im 13. Jahrhundert erwähnten Hofes namens Walde und diente seit dem 17. Jahrhundert bis zur Helvetischen Revolution dem äbtischen Landeshofmeister (erster Minister des Fürstabtes) als Amtssitz.

Zwanzig Jahre nach der Aufhebung des Benediktinerklosters erwarb 1825 der Kaufmann Johann Jakob Täschler die Burg, nahm diverse bauliche Anpassungen und Veränderungen vor und richtete hier eine Garn- und Rotfärberei ein. Bereits 1832 übernahm Ignatz von Merhart die Burg, wo er sich in erster Linie dem ‹türkischroth Druck›, einem Textildruck mit einer ausnehmend strahlenden und beständigen roten Farbe, widmete.

Um 1874 löste die Stickerei den Textildruck ab. Trotzdem widmete sich der neue Besitzer der Burg, Johann Haeni-Merhart, auch weiterhin der Textilveredelung. Dort blieb die Stickfabrik wahrscheinlich bestehen, bis das mehrere Jahrhunderte alte Gebäude am 17. Januar 1901 abbrannte. Die heutige Burg wurde 1902 von August Hardegger im Auftrag Haeni-Merharts unter der Verwendung alter Burgteile gebaut, wobei er ebenfalls auf zahlreiche Stilelemente des Vorgängerbaus zurückgriff.    *NB*

Bus: Nr. 7 (Richtung Abtwil) bis Haltestelle ‹Vonwil› – von hier in 3 Minuten zu Fuss stadtauswärts.

# Tröckneturm

Auf dem Burg-Areal befinden sich auch die beiden Burgweiher (ehemals vier) und der nordwestlich gelegene, 25 Meter hohe Tröckneturm (Trockenturm), mit welchem Johann Jakob Täschler 1828 die Färbereianlage erweitert hatte. Der 1973/74 und 1999 renovierte Turm diente zum Trocknen der nassen gefärbten Stoffbahnen, welche bei schönem Wetter an der

Aussenseite, befestigt an der kräftigen Auskragung, aufgehängt werden konnten. Weil der Turm beheizt war und die schräg zueinander gestellten Holzleisten der Turmwand eine gute Luftzirkulation ermöglichten, konnten die Stoffbahnen bei schlechter Witterung auch im Innern des Turmes zum Trocknen aufgehängt werden.

Seit 2000 beherbergt das wohl eindrücklichste Zeichen der alten St.Galler Industrielandschaft eine **permanente Ausstellung** zur Geschichte der Gemeinde Straubenzell und zur St.Galler Wirtschafts- und Baugeschichte. *NB*

Bus: Nr.1 (Richtung Winkeln/Wolfganghof) bis Haltestelle ‹Schönenwegen›; zu Fuss über Burgweiherweg, ca. 3 Min. Bus Nr. 7 (Richtung Abtwil) bis Haltestelle ‹Vonwil›; zu Fuss über Burgstrasse, Burgweiherweg, ca. 15 Min. Rollstuhlgängig. Die Ausstellung ist nur nach Voranmeldung zugänglich. – Tel. +41 (0)71 274 57 37.

Im Sitterwerk wird Kunst geschaffen, dokumentiert und der Öffentlichkeit präsentiert. Die Kunstbibliothek, das Kesselhaus Josephsohn, die Künstlerateliers und das Werkstoffarchiv für Gestaltung, Architektur und Kunst bilden den Kristallisationskern einer fruchtbaren Dynamik. Im Sitterwerk und den umliegenden Betrieben einer Kunstgiesserei, einer Buchwerkstatt und eines Steinmetzateliers treffen Künstler, Handwerker und Wissenschafter mit einer breiten Öffentlichkeit zusammen. Für das Publikum sind das **Kesselhaus Josephsohn** und die **Kunstbibliothek** zugänglich. Das Kesselhaus zeigt als ‹Schaulager› in ständigem Wandel eine Auswahl von Gipsmodellen und Bronzen des Bildhauers Hans Josephsohn (Bild unten).

Das Werkstoffarchiv im Sitterwerk macht Proben von traditionellen und neuartigen Materialien, wie sie einzeln nur aufwändig zu beschaffen sind, für Gestalter, Künstler und Architekten unmittelbar verfügbar.

Die Kunstbibliothek umfasst rund 30 000 Bände zur neusten Kunstgeschichte. Die Verbindungen von Buch und Kunst bilden auch den roten Faden einer losen Folge von Ausstellungen. *UM*

Öffnungszeiten Kesselhaus Josephsohn und Kunstbibliothek: Mi/So, 14–18h und während der Bürozeiten auf Voranmeldung.

Führungen für Gruppen nach Vereinbarung: Einblicke in die Kunstgiesserei und das Sitterwerk.

Sitterwerk
Sittertalstrasse 34
9014 St.Gallen
www.sitterwerk.ch
Telefon: +41 (0)71 278 87 09

Bus: Nr. 1 (Richtung Winkeln) bis ‹Stocken› oder
Nr. 7 (Richtung Abtwil) bis ‹Fürstenlandbrücke› – von hier in 15 Minuten zu Fuss ins Gewerbeareal Sittertal.

In der Kunstgiesserei wird für die Produktion von plastischen Kunstwerken mit den verschiedensten Materialien und Techniken gearbeitet. Der Guss in Metall nach dem aufwändigen Wachsausschmelzverfahren verlangt höchste Konzentration.

# 39 | Gübsensee & Kubel

Zu den beliebten Naherholungs- und Naturschutzgebieten St.Gallens gehört der Gübsensee. Dieser Stausee wird seit 1900 durch mehrere Kilometer lange Wasserzuleitungen von den Flüssen Urnäsch und Sitter gespiesen.

Der Gübsensee dient als Wasserspeicher für das Kraftwerk Kubel, das bis heute elektrische Energie erzeugt und sich östlich des Sees in der rund 90 Meter tiefer gelegenen Sitterschlucht befindet.

Am Zollhaus wurde bis 1850 ein Brückenzoll erhoben.

Das Kubelwerk ist durch eine Druckleitung mit dem Gübsensee verbunden und war, als es im Jahre 1900 den Betrieb aufnahm, das erste Hochdruckwerk der Schweiz.

*Anno 1778 Durch ein unuerdencklichen Wasser guß Nimt es 6 Deckte Brügen an deißem Neulichen fluß Noch damit 3 Nuhr ville weg und alle sanftliche Steg vom urnäscher Berg und thall bis hir bär heim Weg.*

Wenige Schritte südlich des industriegeschichtlich bemerkenswerten Kubelwerks überquert eine gedeckte Holzbrücke (um 1800) die Sitter und eine weitere (1780, von Hans Ulrich Grubenmann) die Urnäsch. Sie gehören zum eindrücklichen und gut ausgeschilderten **Brückenweg**, der von hier aus der Sitter entlang flussaufwärts und flussabwärts führt. *MM*

So erreichen Sie den Gübsensee: Bus Nr. 1 (Richtung Winkeln) bis Haltestelle ‹Kräzern›; zu Fuss über Hofweg, Sturzeneggstrasse, Gübsenstrasse, ca. 20 Min. Rollstuhlgängig.

So erreichen Sie das Kubelwerk und die Holzbrücken: Bus Nr. 1 (Richtung Winkeln) bis Haltestelle ‹Stocken›; zu Fuss über Wägenwaldstrasse, ca. 15 Min. Rollstuhlgängig.

# Adressen und Anlässe

**St.Gallen-Bodensee Tourismus**

Bahnhofplatz 1a, 9001 St.Gallen / Gallusstrasse 20, 9001 St.Gallen
Tel. +41 (0)71 227 37 37     Fax +41 (0)71 227 37 67
info@st.gallen-bodensee.ch     www.st.gallen-bodensee.ch

**Öffentliche Stadtrundgänge inkl. Stiftsbezirk (2h):**

| | |
|---|---|
| Januar bis April & November | jeweils Samstag 11.00 Uhr |
| Mai bis Oktober | jeweils Montag, Mittwoch, Donnerstag, Freitag und Samstag |
| | Dienstag jeweils spezielle Themenführungen |
| | (im Juli und August zusätzlich sonntags) 14.00 Uhr |
| Dezember | Weihnachtsrundgänge 1,5h |
| | Täglich ausser Sonntag 17.00 Uhr |

**Treffpunkt für alle Rundgänge**: Tourist Information, Bahnhofplatz 1a, St.Gallen
**Spezielle Themenführungen:** «Vom Mittelalter bis Calatrava: Kunst und Architektur in St.Gallen», «Wenn Altstadthäuser Geschichten erzählen», «Vom weissen Gold – ein Stück Textilgeschichte», «Enge Gassen – prunkvolle Erker», «Heilige, Hexen und andere Frauengeschichten», «Wilde Schlucht und romantische Badeweiher», «Engel gibt's nicht nur im Himmel…», «Kinder, Kinder, hier gibt es was zu entdecken!», «Von Bartscherern, Stadtärzten und Siechenmütter», «Götter unter uns», «Brunnen», «Stadtlounge», «Reformation» und «Stadtshopping der besonderen Art». Individuelle Führungen für Einzelpersonen und Gruppen jederzeit buchbar. Siehe spezielle Broschüre und Website.
**Audio-visueller Stadtrundgang (iGuide)** erhältlich bei der Tourist Information, Bahnhofplatz 1a oder an der Gallusstrasse 20 (in der Chocolaterie am Klosterplatz).

## NOTFALLNUMMERN

| Polizei | **Notruf 117** |
|---|---|
| Stadtpolizei | Vadianstrasse 57, 9001 St.Gallen, Tel. +41 (0)71 224 60 00, mailbox.polizei@stadt.sg.ch |
| Feuerwehr | **Notruf 118** |
| | Notkerstrasse 44, 9000 St.Gallen, Tel. +41 (0)71 224 50 60, bfsg@stadt.sg.ch |
| Sanität | **Notruf 144** |
| Kantonsspital St.Gallen | Rorschacher Strasse 95, 9007 St.Gallen, Tel. +41 (0)71 494 11 11, www.kssg.ch |
| Allg. Tel. Auskunft | **Telefon 1811** |
| Tierarzt für Notfälle | Dr. med. vet. Daniela Glaus, Schubertstrasse 1, 9008 St.Gallen, Tel. +41 (0)71 244 88 33 |
| Touring Club der Schweiz (TCS) | Strassenhilfe Tel. 140 |
| | Poststrasse 18, 9001 St.Gallen, Tel. +41 (0)71 227 19 60, www.tcs.ch |
| Verkehrsbetriebe der Stadt St.Gallen (VBSG) | Steinachstrasse 42, 9001 St.Gallen, Tel. +41 (0)71 243 95 11, www.vbsg.stadt.sg.ch |
| Fundbüro | Stadtpolizei, Vadianstrasse 57, 9001 St.Gallen, Tel. +41 (0)71 224 60 15, mailbox.polizei@stadt.sg.ch |

## KONZERT UND THEATER

| Konzert und Theater St.Gallen | Museumstrasse 1/24, 9004 St.Gallen, Tel. +41 (0)71 242 06 06, www.theatersg.ch |
|---|---|
| Tonhalle | Museumstrasse 25, 9004 St.Gallen, Tel. +41 (0)71 242 05 05, www.sinfonieorchestersg.ch |
| Grabenhalle | Unterer Graben 17, 9000 St.Gallen, Tel. +41 (0)71 222 82 11, www.grabenhalle.ch |
| Palace | Blumenbergplatz, 9004 St.Gallen, www.palace.sg; kontakt@palace.sg |
| Kugl (Kultur am Gleis) | Güterbahnhofstrasse 4, 9000 St.Gallen, projektikum@kugl.ch www.kugl.ch |
| Gambrinus Jazz Plus | Gambrinus Jazz Club, Gartenstrasse 13, 9000 St.Gallen, Tel. +41 71 220 93 60, info@gambrinus.ch, www.gambrinus.ch |
| Kellerbühne | St.Georgenstrasse 3, 9000 St.Gallen, Tel. +41 (0)71 223 39 59, www.kellerbuehne.ch |
| Theater parfin de siècle | Mühlesteg 3, 9000 St.Gallen, Tel. +41 (0)71 245 21 10, www.parfindesiecle.ch |
| FigurenTheater St.Gallen | Lämmlisbrunnenstrasse 34, 9000 St.Gallen, Tel. +41 (0)71 223 12 47, www.figurentheater-sg.ch |
| Lokremise | Grünbergstrasse 7, 9001 St.Gallen, www.lokremisesg.ch |

| | |
|---|---|
| Stiftsbibliothek | Klosterhof 6d, 9001 St.Gallen, Tel. +41 (0)71 227 34 16, www.stiftsbibliothek.ch; Mo-Sa: 10-17 Uhr, So: 10-16 Uhr Besondere Öffnungszeiten: Tel. +41 (0)71 227 34 15 |
| Lapidarium | Stiftsbibliothek St.Gallen, Klosterhof 6d, Postfach, 9001 St.Gallen, Tel. +41 (0)71 227 34 16, www.stiftsbibliothek.ch; Mo-Sa: 10-17 Uhr, So: 10-16 Uhr |
| Historisches und Völkerkundemuseum | Museumstrasse 50, 9000 St.Gallen, Tel. +41 (0)71 242 06 42, www.hmsg.ch; Di-So: 10-17 Uhr |
| Kunstmuseum | Museumstrasse 32, 9000 St.Gallen, Tel. +41 (0)71 242 06 71, www.kunstmuseumsg.ch; Di-So: 10-17 Uhr, Mi: 10-20 Uhr |
| Naturmuseum | Museumstrasse 32, 9000 St.Gallen, Tel. +41 (0)71 242 06 70, www.naturmuseumsg.ch; Di-So: 10-17 Uhr, Mi: 10-20 Uhr |
| Textilmuseum | Vadianstrasse 2, 9000 St.Gallen, Tel. +41 (0)71 222 17 44, www.textilmuseum.ch; Täglich: 10-17 Uhr |
| Kunst Halle Sankt Gallen | Davidstrasse 40, 9000 St.Gallen, Tel. +41 (0)71 222 10 14, www.k9000.ch; Di-Fr: 12-18 Uhr, Sa/So: 11-17 Uhr |
| Museum im Lagerhaus | Davidstrasse 44, 9000 St.Gallen, Tel. +41 (0)71 223 58 57, www.museumimlagerhaus.ch; Di-Fr: 14-18 Uhr, Sa/So: 12-17 Uhr |
| Bierflaschenmuseum | St. Jakobstrasse 37, 9004 St.Gallen, Tel. +41 (0)71 243 43 43, www.schuetzengarten.ch; Mo-Fr: 08-18.30 Uhr, Sa: 08-17 Uhr |
| St.Galler Spieldosen-kabinett Labhart | Marktgasse 23, 9000 St.Gallen, Tel. +41 (0)71 222 50 60, www.chronometrie.ch |
| Sitterwerk - Zentrum für Kunst & Kulturwirtschaft | Sittertalstrasse 34, 9014 St.Gallen, Tel. + 41 (0)71 278 87 09, www.sitterwerk.ch |
| Kesselhaus Josephsohn im Sitterwerk | Tel. +41 (0)71 278 87 47, www.kesselhaus-josephsohn.ch; Mi und So: 14-18 Uhr und nach Vereinbarung |

| | |
|---|---|
| Stiftsbibliothek (Barocksaal) | Klosterhof 6d, 9004 St.Gallen, www.stiftsbibliothek.ch Mo-Sa: 10-17 Uhr, So: 10-16 Uhr, besondere Öffnungszeiten: Tel. +41 (0)71 227 34 15 |
| Kantonsbibliothek Vadiana | Notkerstrasse 22, 9000 St.Gallen, Tel. +41 (0)71 229 23 21, kb.vadiana@sg.ch, www.kb.sg.ch; Mo, Di, Do, Fr: 09-18 Uhr, Mi: 09-20 Uhr, Sa: 09-16 Uhr |
| Textilbibliothek | Vadianstrasse 2, 9000 St.Gallen, Tel. +41 (0)71 222 17 44, www.textilbibliothek.ch; Di-Fr: 10-12 und 14-17 Uhr, Sa: 10-12 Uhr |
| Bibliothek der Universität St.Gallen | Dufourstrasse 50, 9000 St.Gallen, Tel. +41 (0)71 224 22 70, www.biblio.unsisg.ch; Mo-Fr: 08-22 Uhr, Sa: 09-19 Uhr |
| Kunstbibliothek/ Sitterwerk | Sittertalstrasse 34, 9014 St.Gallen,Tel. +41 (0)71 278 87 08, www.sitterwerk.ch; Mi und So: 14-18 Uhr und nach Vereinbarung |
| Vadianische Sammlung der Ortsbürgergemeinde | Notkerstrasse 22, 9000 St.Gallen, Tel. +41 (0)71 229 23 21, www.kb.sg.ch; Mo-Fr: 09-12 und 13.30-17 Uhr, Sa: 09-16 Uhr nur auf Voranmeldung |
| Freihandbibliothek | Katharinengasse 11, 9000 St.Gallen, Tel. +41 (0)71 223 60 23, www.freihandbibliothek.ch; Mo: 14-16 Uhr Di, Mi, Fr: 10-18, Do: 10-19 Uhr, Sa: 10-16 Uhr |
| Frauenbibliothek Wyborada | Frauenbibliothek und Fonothek, Davidstrasse 42, 9001 St.Gallen, Tel. +41 (0)71 222 65 15, www.wyborada.ch; Mo, Mi, Do: 14-18 Uhr, Fr: 15-19 Uhr, Sa: 13-16 Uhr |

| | |
|---|---|
| Stadtarchiv der Ortsbürgergemeinde | Notkerstrasse 22, 9000 St.Gallen, Tel. +41 (0)71 244 08 17, stefan.sonderegger@ortsbuerger.ch; www.stadtarchiv.ch; Mo, Di, Do: 09-12 und 14-17 Uhr, Mi: 09-12 und 14-20 Uhr, Voranmeldung erwünscht |
| Stadtarchiv der Politischen Gemeinde | Notkerstrasse 22, 9000 St.Gallen, Tel. +41 (0)71 224 62 23, stadtarchiv@stadt.sg.ch; www.stadt.sg.ch; Mo-Do: 09-12 und 14-17 Uhr, Voranmeldung erwünscht |
| Staatsarchiv | Regierungsgebäude, 9001 St.Gallen, Tel. +41 (0)71 229 32 05, info.staatsarchiv@sg.ch; www.sg.ch; Mo-Fr: 08.30-12 und 14-17 Uhr |
| Stiftsarchiv | Regierungsgebäude, Klosterhof 1, 9001 St.Gallen, Tel. +41 (0)71 229 38 23, www.stiftsarchiv.sg.ch; info.stiftsarchiv@sg.ch Mo-Fr: 08-12 und 14-16 Uhr, Voranmeldung erwünscht |
| Archiv für Frauen- und Geschlechtergeschichte Ostschweiz | Florastrasse 6, 9000 St.Gallen, Tel. +41 (0)71 222 99 64 www.frauenarchiv-ost.ch Öffnungszeiten auf Anfrage |

## GALERIEN

| | |
|---|---|
| galerie \| christian roellin | Talhofstrasse 11, 9000 St.Gallen, Tel. +41 (0)71 246 46 00, www.christianroellin.com; Fr, Sa: 14-17 Uhr oder nach Vereinbarung |
| Erker Galerie | Gallusstr. 32, 9000 St.Gallen, Tel. +41 (0)71 222 79 79, www.erker-galerie.ch; nach Vereinbarung |
| Galerie Paul Hafner (Lagerhaus) | Davidstr. 40, 9000 St.Gallen, Tel. +41 (0)71 223 32 11, www.paulhafner.ch; Mi-Fr: 14-18 Uhr, Sa: 11-17 Uhr oder nach Vereinbarung |
| Galerie vor der Klostermauer | Zeughausgasse 8, 9000 St.Gallen, Tel. +41 (0)78 775 56 49, www.klostermauer.ch; Do/Fr: 18-20 Uhr, Sa: 11-15 Uhr, So: 10-12 Uhr |
| Galerie WerkART | Teufener Strasse 75, 9000 St.Gallen, Tel. +41 (0)79 690 90 50, www.galerie-werkart.ch; info@galerie-werkart.ch |
| Macelleria d'Arte | Hintere Poststrasse 6, 9000 St.Gallen, Tel. +41 (0)71 220 10 35, Mobile +41 (0)79 227 56 67, www.macelleria-darte.ch; Di-Fr: 14-19 Uhr, Sa: 14-17 Uhr |

## SPORT/FREIZEIT/ERHOLUNG

### Sommersport

#### Hallenbäder

| | |
|---|---|
| Hallenbad Blumenwies | Martinsbruggstrasse 25, 9016 St.Gallen, Tel. +41 (0)71 288 12 60, badundeis@stadt.sg.ch |
| Volksbad | Volksbadstrasse 6, 9000 St.Gallen, Tel. +41 (0)71 244 77 57, badundeis@stadtsg.ch |
| Säntispark | Freizeit Säntispark, Wiesenbachstrasse 9, 9030 Abtwil, Tel. +41 (0)71 313 15 15, www.saentispark.ch |

#### Freibäder

| | |
|---|---|
| Freibad Lerchenfeld | Zürcherstrasse 152, 9014 St.Gallen, Tel. +41 (0)71 272 13 70, badundeis@stadt.sg.ch |
| Familienbad Dreilinden | Dreilindenstrasse 50, 9011 St.Gallen, Tel. +41 (0)71 224 52 52, badundeis@stadt.sg.ch |
| Gemeinschaftsbad Dreilinden | Bitzistrasse, 9011 St.Gallen, Tel. +41 (0)71 222 78 80, badundeis@stadt.sg.ch |
| Freibad Rotmonten | Waldgutstrasse 9, 9012 St.Gallen, Tel. +41 (0)71 245 18 25, badundeis@stadt.sg.ch |

#### Jogging

| | |
|---|---|
| Höchsterwald | Bus Nr. 1 (Stephanshorn) bis Station Stephanshorn |
| Hätterenwald | Bus Nr. 9 (Gallusmarkt) bis Station Gatterstrasse UNI |
| Gründenwald | Bus Nr. 7 (Abtwil) bis Station Wiesenbach/Cinedome |
| Freudenberg | Bus Nr. 2 (St.Georgen) bis Station Mühlegg |

#### Squash

| | |
|---|---|
| Säntispark | Freizeit Säntispark, Wiesenbachstrasse 9, 9030 Abtwil, Tel. +41 (0)71 313 15 15, www.saentispark.ch |
| Sportcenter Ost AG | Rorschacherstrasse 292/294, 9016 St.Gallen, Tel. +41 (0)71 288 43 43, www.sportcenterost.ch |

#### Tennis

| | |
|---|---|
| Sportanlage Gründenmoos | Klubschule Migros, Gründenstrasse 34, 9015 St.Gallen, Tel. +41 (0)71 313 42 12, www.stadt.sg.ch |
| TOP Fit | Tennis- und Badminton-Center Ullmann Halle, Gaiserwaldstrasse 16, 9015 St.Gallen, Tel. +41 (0)71 311 42 65 |

#### Minigolf

| | |
|---|---|
| Dreilinden | Dreilindenstrasse 49, 9011 St.Gallen, Tel. +41 (0)71 245 63 39 |
| Sonne Rotmonten | Guisanstrasse 94, 9011 St.Gallen, Tel. +41 (0)71 246 64 00 |

#### Wandern/Nordic Walking

| | |
|---|---|
| | Drei Weieren und Freudenberg, siehe Seite 96 f. |
| «Über die Eggen» | Waldegg, Schäflisegg, Unterer und Oberer Brand |
| St.Galler Brückenweg | eine Wanderung durch das St.Galler Brückenmuseum mit 18 Brücken aus mehreren Jahrhunderten, 7,5 km, www.sg-wanderwege.ch, s. S. 101 |
| Virtueller Stadtrundgang | Internetanschluss als Voraussetzung, www.gps-tracks.com/B00787.htm |
| Weiherweg St.Gallen | ein gemütlicher Spaziergang hoch über den Dächern von St.Gallen Dauer ca. 45 Minuten, www.st.gallen-bodensee.ch |

| Planetenweg | unterwegs im Sonnensystem, 8 km, Dauer ca. 2 h |
| | Start siehe Botanischer Garten Seite 92, www.st.gallen-bodensee.ch |

## Wintersport

| Skilift Beckenhalde/ St.Georgen | St.Georgenstrasse 98b, 9011 St.Gallen, Tel. +41 (0)86 071 223 13 76, www.fsg-sg.ch/Dienstleistungen/skilift.html |
| Skilift Schlössli/ Boppartshof | 9014 St.Gallen, Tel. +41 (0)71 277 88 55 oder +41 (0)71 277 09 82 www.evb-bruggen.ch |
| Eishalle Lerchenfeld | Zürcherstrasse 152, 9000 St.Gallen, Tel. +41 (0)71 272 13 70, badundeis@stadtsg.ch |
| Curling Center St.Gallen | Zürcherstrasse 152 a, 9014 St.Gallen, Tel. +41 (0)71 277 41 17, www.curling-stgallen.ch |

## DIVERSES

| Swiss Casinos St.Gallen | St.Jakobstrasse 55, 9000 St.Gallen, Tel. 071 394 30 30, www.swisscasinos.ch; info.stgallen@scrgroup.ch |

| Kino Corso | Brühlgasse 37, 9000 St.Gallen, Tel. +41 (0)900 556 789, www.kitag.com |
| Kino Scala | Kinocenter, Bohl 1, 9000 St.Gallen, Tel. +41 (0)900 556 789, www.kitag.com |
| Kino Rex | Zwinglistrasse 2, 9000 St.Gallen, Tel. +41 (0)900 556 789, www.kitag.com |
| Kino Storchen | Magnihalden 7, 9000 St.Gallen, Tel. +41 (0)900 556 789, www.kitag.com |
| Cinedome | Bildstrasse 1, 9030 St.Gallen, Tel. +41 (0)900 556 789, www.kitag.com |
| Kinok | Grossackerstrasse 3, 9006 St.Gallen (ab September 2010 in der Lokremise), Reservationen: Tel. +41 (0)71 245 80 68, www. kinok.ch |
| Architektur Forum Ostschweiz | Davidstrasse 40, 9000 St.Gallen, Tel. +41 (0)71 371 24 11, www.a-f-o.ch; info@a-f-o.ch |
| Kult-Bau | Konkordiastrasse 27, 9000 St.Gallen, Tel. +41 (0) 244 57 84, Veranstaltungen im Bereich Kammermusik und Literatur, www.kultbau.org |
| Kultur im Bahnhof | Klubschule Migros St.Gallen, 9001 St.Gallen, Tel. +41 (0) 228 15 00, www.klubschule.ch |
| St.Galler DomMusik | Klosterhof 6b, 9000 St.Gallen, Tel. +41 (0) 227 33 38, www.kirchenmusik-sg.ch |
| FC St.Gallen | der älteste Fussballclub der Schweiz, Zürcher Strasse 464, 9015 St.Gallen, Tel. +41 (0)71 314 16 16, www.fcsg.ch |
| Stadion Espenmoos | Heiligkreuzstrasse 16, 9008 St.Gallen, Tel. +41 (0)71 243 09 09 |
| AFG ARENA mit Shopping-Arena | Zürcherstrasse 464, 9015 St.Gallen, Tel. +41 (0)71 314 14 14, www.afg-arena.ch |
| Die Kletterhalle | Edisonstrasse 9, 9015 St.Gallen, Tel. +41 (0)71 278 86 16, www.kletterhalle.ch; info@diekletterhalle.ch |
| Bowling-Billard Freizeit Center | St.Jakobstrasse 87, 9000 St.Gallen, Tel. +41 (0)71 244 16 10 www.bowling-sg.ch |
| Botanischer Garten | Stephanshornstrasse 4, 9016 St.Gallen, Tel. +41 (0)71 288 15 30, www.botanischergarten.stadt.sg.ch, siehe Seite 92 |
| Wildpark Peter und Paul | Kirchlistrasse 92, 9010 St.Gallen, Tel. +41 (0)71 244 51 13, www.wildpark-peterundpaul.ch, siehe Seite 93 |
| Abenteuerland Walter Zoo | Neuchlen 200, 9200 Gossau, Tel. +41 (0)71 387 50 50, www.walterzoo.ch |

| | |
|---|---|
| Fest- und Hochzeits-messe | Januar, Olma Messen St.Gallen, www.olma-messen.ch |
| Ferienmesse St.Gallen | Februar, Olma Messen St.Gallen, www.ferienmesse-stgallen.ch |
| St.Galler Fasnacht | Februar, www.fasnachtsg.ch |
| nordklang | Februar, Konzerte mit nordischen Bands, www.nordklang.com |
| FrauenVernetzungs Werkstatt | März, Vorträge und Workshops, www.frauenvernetzungswerkstatt.ch |
| St.Galler Musicaltage | Alle zwei Jahre März/April, Theater St.Gallen, www.theatersg.ch |
| OFFA | März/April, Frühlings- und Trendmesse, Olma Messen St.Gallen, www.offa.ch |
| Honky Tonk, Beizenfestival | April, www.honky-tonk.ch |
| Internationales Bodenseefestival | Mai, klassische Konzerte, www.bodenseefestival.de |
| CSIO (Concours de Saut International Officiel) | Mai/Juni, internationale Pferdesporttage, www.csio.ch |
| St.Galler Kinderfest | Alle drei Jahre im Juni, www.kinderfest.ch |
| New Orleans meets St.Gallen | Juni, Jazzfestival in der Altstadt |
| St.Galler Festspiele auf dem Klosterplatz | Juni/Juli, Theater St.Gallen, www.stgaller-festspiele.ch |
| OpenAir St.Gallen | Juni/Juli, www.openairsg.ch |

| | |
|---|---|
| Kulturfestival St.Gallen | Juli, Musik und Theater, www.kulturfestival.ch |
| St.Gallerfest | August, www.stgallerfest.ch |
| OBA | August/September, Ostschweiz. Bildungsausstellung, www.oba.sg |
| Wortlaut | September, St.Galler Literaturfest, www.wortlautsg.ch |
| Museumsnacht St.Gallen | September, www.museumsnachtsg.ch |
| St.Galler Altstadtlauf | September, www.altstadtlauf.ch |
| St.Galler Genusstag | September, www.stgaller-genusstag.ch |
| OLMA | Oktober, Messe für Landwirtschaft und Ernährung, www.olma.ch |
| Talhoffestival | während OLMA, Konzerte mit internationalen und regionalen Bands www.talhoffestival.ch |
| Gallustag | 16. Oktober, städtischer Feiertag |

# Wine and Dine, Übernachtungen

## «Bömmli, Neubädli, Pöschtli und Schäfli»

Liebevoll im Diminutiv sprechen die St.Galler von den typischen Gasthäusern im ersten Stock, den Erststockbeizli. Die Stadt St.Gallen ist auf weichem Untergrund gebaut, die Häuser mussten oft auf Holzpfählen errichtet werden. Die Räumlichkeiten im Erdgeschoss waren dunkel, im ersten Stock drang mehr Licht in die Zimmer. Daher wurden auch die ersten Schenken dorthin verlegt.

Eines der berühmtesten Erststockbeizli steht an der Metzgergasse 5. Das nach 1484 erbaute «Zum goldenen Schäfli» ist das letzte noch erhaltene Zunfthaus der Stadt. Eine ähnliche Atmosphäre finden wir in vielen weiteren Gaststuben der Altstadt, in welchen an einfachen Holztischen und in Tuchfühlung mit anderen Gästen herrlich getafelt werden kann.

| «Zur alten Post» | Gallusstrasse 4 |
| «Zum Bäumli» | Schmiedgasse 18 |
| «Neubad» | Bankgasse 6 |
| «Zum Schwarzen Adler» | Marktplatz 12 |
| «Zum goldenen Schäfli» | Metzgergasse 5 |

## RESTAURANTS

In St.Gallen kann aber auch «state-of-the-art» getafelt oder bei einem Glas Wein der nächste Tag besprochen werden. Die folgende Auswahl ist nicht repräsentativ und kann ändern. Die St.Galler Restaurantszene ist innovativ.

| Candela | St.Jakobpark | «Geniessen mit Leib und Seele», Tel. +41 (0)71 246 46 46, www.restaurantcandela.ch |
| Chocolaterie am Klosterplatz | Gallusstrasse 20 | Schokolade-Genuss der besonderen Art: feinste Schokolade aus aller Welt, Tel. +41 (0)71 222 57 70, www.chocolateriesg.ch |
| Concerto | Museumstrasse 25 | Im Museumsquartier und Stadtpark, mit Wintergarten, Tel. +41 (0)71 242 07 77, www.concerto.ch |
| David 38 | Davidstrasse 38 | Urban und elegant mit leichter mediterraner Kost, Tel. +41 (0)71 230 28 38, www.david38.ch |
| Zum Goldenen Leuen (National) | Schmiedgasse 30 | Eigene Brauerei, Tel. +41 (0)71 222 02 62, www.diegastwirte.ch |
| Falkenburg | Falkenburgstrasse 25 | Über der Altstadt mit dem schönsten Ausblick tafeln, Tel. +41 (0)71 222 55 81, www.falkenburgsg.ch |
| Hörnli | Marktplatz 5 | Erstmals 1720 als Taverne erwähnt, Biere aus aller Welt, bürgerliche Küche, Tel. +41 (0)71 222 66 86, www.hoernli.ch |
| Kurzeck | Speicherstrasse 141 | Gepflegtes Speiserestaurant, Aussicht auf den Bodensee, Tel. +41 (0)71 288 56 76 |
| Restaurant Lagerhaus | Davidstrasse 40 | Frische, naturnahe und hausgemachte Delikatessen vom Grill, www.restaurantlagerhaus.ch |
| Nett's Schützengarten | St. Jakobstrasse 35 | Modernes Brauereirestaurant auf hohem Niveau, asiatisch inspirierte, mediterrane Küche und lokale Spezialitäten, Tel. +41 (0)71 242 66 77, www.netts.ch |
| Wildegg | St. Georgenstrasse 20 | Historisches Lokal mit Köstlichkeiten aus Küche und Keller, Tel. +41 (0)71 222 84 51, www.wildegg.ch |

| Wildpark-restaurant Peter und Paul | Kirchlistrasse 99 | Inmitten des Wildparkes oberhalb St.Gallen, Gault Millau-Führer: «der Spagat zwischen Nussgipfel und Chateaubriand überzeugt», Tel. +41 (0)71 245 56 25, www.peterundpaul-sg.ch |
|---|---|---|
| Café Pelikan | Schmidgasse 15 | Gemütliches Altstadtcafé für Kaffee und Kuchen oder Mittagslunch, Tel. +41 (0)71 222 21 77 |
| olivé, Radisson Blu Hotel | St. Jakobstrasse 55 | Mediterrane Spezialitäten auf Topniveau, Tel. +41 (0)71 242 12 12, www.radissonblu.de/hotels-st-gallen |
| Scheitlinsbüchel | Scheitlinsbüchelweg 10 | Köstlich speisen mit freiem Ausblick über die Stadt und den Bodensee, Tel. +41 (0)71 244 68 21, |

## GENUSS AUS DER REGION

Unter diesem Slogan hat sich der Trägerverein Culinarium dem Ziel verschrieben, regionale Produkte und einheimische Spezialitäten zu fördern. Folgende Restaurants verwöhnen den Gast mit typischen St.Galler Gerichten:

| Bierfalken | Spisergasse 9a | Bier mit Weisswurst, serviert mit 16 Senfsorten und täglich wechselnde Menus, Tel. +41 (0)71 222 75 46, www.diegastwirte.ch |
|---|---|---|
| Fondue Beiz Neueck | Brühlgasse 26 | Der Name ist Programm, Tel. +41 (0)71 222 43 44, www.fonduebeizli.ch |
| Marktplatz | Neugasse 2 | Von Schweizer Küche bis zu moderner, unkomplizierter Gastronomie, grosse Bierauswahl, Tel. +41 (0)71 222 36 41, www.restaurant-marktplatz.ch |
| Gaststuben zum Schlössli | Zeughausgasse 17 | 1586 erbaut, in historischen Stuben speisen, der Bankettspezialist inmitten der Altstadt, Tel. +41 (0)71 222 12 56, www.schloessli-sg.ch |
| Walhalla | Bahnhofplatz | Kulinarische Lustbarkeiten aus der Region, in unmittelbarer Nähe des Bahnhofs, Tel. +41 (0)71 228 28 00, www.hotelwalhalla.ch |

## BARS UND NIGHTLIFE

| Alhambra Bar | Löwengasse 1 | 1001 und eine Nacht, auch am Tag, Tel. +41 (0)71 222 42 40, www.alhambra-cafe.ch |
|---|---|---|
| Brasserie Brühltor | Brühlgasse 11 | Jazz- und Blueskonzerte, Tel. +41 (0)71 222 23 65, www.bruehltor.ch |
| Birreria | Brühlgasse 45 | Bierladen und Bar, Tel. +41 (0)71 223 25 33, www.birreria.ch |
| Casablanca | Unterer Graben 21 | Der Klassiker in der St.Galler Clubszene, Tel. +41 (0)71 222 20 02, www.casablanca-sg.ch |
| Christinas | Webergasse 9 | Lounge, Restaurant, Kellerbar, Tel. +41 (0)71 223 88 08, www.christinas.ch |
| Elephant Club | Hintere Poststrasse 2 | Ausgewählte DJ's, Live Acts, Party pur, Tel. +41 (0)71 226 50 70, www.elephantclub.ch |

| | | |
|---|---|---|
| Grabenhalle | Unterer Graben 17 | Konzerte, Theater, Tanz, multikulturell, Tel. +41 (0)71 222 82 11, www.grabenhalle.ch |
| Swiss Casinos St.Gallen | St. Jakobstrasse 55 | In unmittelbarer Nähe des Olma-Geländes, eines der schönsten, grosszügigsten Casinos der Schweiz, Tel. +41 (0)71 394 30 30, www.swisscasinos.ch |
| La Bohème | Bohl 9 | Café mit Rockmusik vom Feinsten, Tel. +41 (0)71 222 19 17, www.labohemebar.ch |
| Monti American Bar | Rosenbergstrasse 55 | Tausend Cocktails, Tel. +41 (0)71 222 66 90 |
| Nonolet | Schwertgasse 1 Marktplatz | Lat. «stinkt nicht», Nichtraucherlokal neben der ältesten Bank St.Gallens, Tel. +41 (0)71 242 58 18 |
| Palace | Zwinglistrasse 3 | Ehemaliges Kino, veranstaltet Konzerte, Vorträge, Feste, www.palace.sg |
| Relax Lounge | Am Bohl 4 | Trendige Bar im ersten Stock des Restaurants US-Mex, Tel. +41 (0)71 228 88 11, www.relaxlounge.ch |
| Seeger | Oberer Graben 2 | Lounge und Bar mit Tradition, in der Nähe des Bahnhofs, Tel. +41 (0)71 222 97 90, www.seeger-restaurants.ch |
| Splügen | St.Georgen Strasse 4 | Musik und Gespräche, Tel. +41 (0)71 222 16 29 |
| The Room | Brühlgasse 19 | Indierock zu Designermöbeln im Stil der 60er Jahre, Tel. +41 (0)71 222 04 77 |
| Trischli | Brühlgasse 15 | Dancing und Party-Club für Nachtschwärmer, Tel. +41 (0)71 226 09 00, www.trischli.ch |

## HOTELS IN ST.GALLEN

| | | |
|---|---|---|
| Radisson Blu**** | St.Jakobstrasse 55 | Tel. +41 (0)71 242 12 12, www.radissonblu.com/hotels-st-gallen |
| Einstein**** | Berneggstrasse 2 | Tel. +41 (0)71 227 55 55, www.einstein.ch |
| Gallo**** | St.Jakobstrasse 62 | Tel. +41 (0)71 242 71 71, www.hotel-gallo.ch |
| Best Western Hotel Walhalla**** | Bahnhofplatz | Tel. +41 (0)71 228 28 00, www.hotelwalhalla.ch |
| City Weissenstein*** | Davidstrasse 22 | Tel. +41 (0)71 228 06 28, www.cityweissenstein.ch |
| Dom*** | Webergasse 22 | Tel. +41 (0)71 227 71 71, www.hoteldom.ch |
| Jägerhof*** Boutiquehotel | Brühlbleichestrasse 11 | Tel. +41 (0)71 245 50 22, www.jaegerhof.ch |
| Metropol*** | Bahnhofplatz 3 | Tel. +41 (0)71 228 32 32, www.hotel-metropol.ch |
| Park Inn*** | Rorschacher Strasse 50 | Tel. +41 (0)71 224 04 44, www.parkinn.com (im Umbau bis Ende 2010) |
| Sistar*** | Breitfeldstrasse 9 | Tel. +41 (0)71 314 71 71, www.hotel-sistar.ch |
| Sonne Rotmonten** | Guisanstrasse 94 | Tel. +41 (0)71 246 64 00 |
| Am Spisertor** | Moosbruggstrasse 1 | Tel. +41 (0)71 228 82 83, www.spisertor.ch |
| Elite Garni** | Metzgergasse 9 | Tel. +41 (0)71 227 99 33, www.hotel-elite.ch |
| Sporting** | Straubenzellstrasse 19 | Tel. +41 (0)71 272 30 30, www.hotel-sporting.ch |
| Vadian Garni** | Gallusstrasse 36 | Tel. +41 (0)71 228 17 78, www.hotel-vadian.com |
| Am Ring | Unterer Graben 9 | Tel. +41 (0)71 223 27 47, www.hotelamring.ch |
| Friedburg | Burgstrasse 72 | Tel. +41 (0)71 277 10 93, www.friedburg.ch |
| Papagei | Hinterlauben 4 | Tel. +41 (0)71 222 24 66, www.papagei-stgallen.ch |
| Rössli | Zürcher Strasse 62 | Tel. +41 (0)71 361 15 37 |
| Schwanen | Webergasse 23 | Tel. +41 (0)71 222 65 62, www.schwanenpizza.ch |
| Stocken | Kräzernstrasse 12 | Tel. +41 (0)71 274 30 70, www.gasthausstocken.ch |
| Weisses Kreuz | Engelgasse 9 | Tel. +41 (0)71 223 28 43, www.a-o.ch/9000-weisses_kreuz |
| Jugendherberge | Jüchstrasse 25 | Tel. +41 (0)71 245 47 77, www.youthhostel.ch/st.gallen |
| Säntispark**** | Wiesenbachstrasse 5, Abtwil | Tel. +41 (0)71 313 11 11, www.hotel-saentispark.ch |
| Säntisblick*** Panoramahotel | Grimmstrasse, Abtwil | Tel. +41 (0)71 313 25 25, www.saentisblick.ch |
| Sonne Abtwil | Hauptstrasse 31, Abtwil | Tel. +41 (0)71 311 17 02, www.sonne-abtwil.ch |

# Register

# Busnetz VBSG und Park-Leitsystem

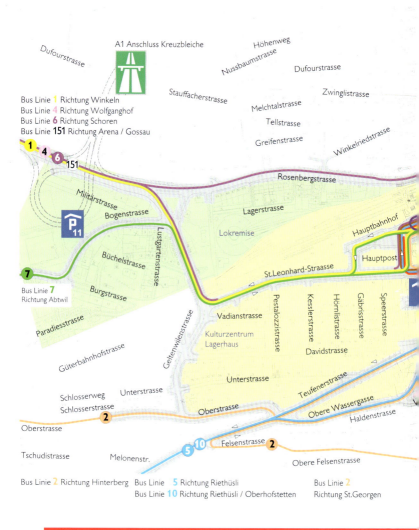

A1 Anschluss Kreuzbleiche

Bus Linie 1 Richtung Winkeln
Bus Linie 4 Richtung Wolfganghof
Bus Linie 6 Richtung Schoren
Bus Linie 151 Richtung Arena / Gossau

Bus Linie 7
Richtung Abtwil

Bus Linie 2 Richtung Hinterberg   Bus Linie 5 Richtung Riethüsli              Bus Linie 2
                                  Bus Linie 10 Richtung Riethüsli / Oberhofstetten   Richtung St.Georgen

## Bus Linienplan (www.vbsg.stadt.sg.ch)

### Billettpreise

| Einfache Fahrt Kurzstrecke (gültig 30 Min.) | | |
|---|---|---|
| Erwachsene | CHF | 2.20 |
| Erwachsene mit Halbtaxabo | CHF | 2.00 |
| Kinder (6-16 Jahre), Hunde und Velos | CHF | 2.00 |

| Tageskarten | | |
|---|---|---|
| Erwachsene | CHF | 8.40 |
| Erwachsene mit Halbtaxabo | CHF | 5.60 |
| Kinder (6 - 16 Jahre), Hunde und Velos | CHF | 5.60 |

### Bezugsmöglichkeiten für Billette und Tageskarten

Auf dem ganzen Netz der VBSG gilt die Selbstbedienung. Billette und Tageskarten werden an den Automaten in den Fahrzeugen und an einzelnen Haltestellen ausgegeben.
VBSG Verkaufs- und Informationsstelle Pavillon am Bahnhofplatz
Montag bis Freitag: 08.00 - 18.30 Uhr
Tel. +41 (0) 71 243 95 95